"中国劳模"系列丛书

U0628672

焊花闪耀的"钢铁裁缝"
贾向东

佘飞◎著

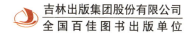
吉林出版集团股份有限公司
全国百佳图书出版单位

图书在版编目（CIP）数据

焊花闪耀的"钢铁裁缝"：贾向东 / 佘飞著. --
长春：吉林出版集团股份有限公司，2024.3
（"中国劳模"系列丛书 / 徐强主编）
ISBN 978-7-5731-4489-8

Ⅰ. ①焊… Ⅱ. ①佘… Ⅲ. ①贾向东－传记 Ⅳ.
①K826.1

中国国家版本馆CIP数据核字（2024）第012199号

HAN HUA SHANYAO DE "GANGTIE CAIFENG": JIA XIANGDONG

焊花闪耀的"钢铁裁缝"：贾向东

出 版 人	于 强
主 编	徐 强
著 者	佘 飞
组稿统筹	东北师范大学文学院创意写作研究中心
责任编辑	王丽媛
助理编辑	张碧芮
装帧设计	张红霞

出 版	吉林出版集团股份有限公司
发 行	吉林出版集团社科图书有限公司
地 址	吉林省长春市南关区福祉大路5788号　邮编：130118
印 刷	唐山富达印务有限公司
电 话	0431-81629711（总编办）
抖 音 号	吉林出版集团社科图书有限公司　37009026326

开 本	710 mm×1000 mm　1／16
印 张	9.5
字 数	100 千字
版 次	2024 年 3 月第 1 版
印 次	2024 年 3 月第 1 次印刷

书 号	ISBN 978-7-5731-4489-8
定 价	45.00 元

如有印装质量问题，请与市场营销中心联系调换。0431-81629729

序　言

　　劳动创造财富，劳动创造幸福，劳动创造未来。习近平总书记在2020年全国劳动模范和先进工作者表彰大会上的讲话中指出："全社会要崇尚劳动、见贤思齐，加大对劳动模范和先进工作者的宣传力度，讲好劳模故事、讲好劳动故事、讲好工匠故事，弘扬劳动最光荣、劳动最崇高、劳动最伟大、劳动最美丽的社会风尚。"当今世界，综合国力的竞争归根到底是科技人才和高素质劳动者的竞争。改革开放以来，我们强大的工人队伍用辛勤的劳动和拼搏奉献的精神推动中国制造、中国智造、中国创造走向世界的前列，新时代的中国面貌日新月异。大力弘扬劳模精神、劳动精神、工匠精神，加强高素质技能人才队伍建设，打造一支宏大的知识型、技能型、创新型劳动者队伍，是伟大时代赋予我们的历史责任。

　　劳动模范是民族的精英、人民的楷模，是共和国的功臣。自改革开放以来，广大职工勇立改革潮头，独立自主，奋发图强，勇于创新，其中涌现出一批批全国劳模和大国工匠。他们参与建设了代表中国高度、中国速度、中国深度的一系列重大工程，提升了国家实力，打造了"中国名片"，树立了"中国品牌"，增添了"中国力量"，充分释放出工人阶级的创新活力，展示出大国工匠的强大创造力。他们以工人阶级的满腔热忱在各自平凡的工作岗位上取得了辉煌的成绩，书写了新时代的壮丽篇章。

爱岗敬业、争创一流、艰苦奋斗、勇于创新、淡泊名利、甘于奉献的劳模精神，崇尚劳动、热爱劳动、辛勤劳动、诚实劳动的劳动精神和执着专注、精益求精、一丝不苟、追求卓越的工匠精神，是广大劳动群众在社会生产实践中锤炼形成的弥足珍贵的精神财富，是工人阶级伟大品格的具体体现，是民族精神和时代精神的生动诠释。民族复兴需要劳动模范，祖国强盛需要大国工匠，中国制造、中国智造、中国创造更需要大国工匠的强有力支撑。劳模、工匠等的成长故事、先进事迹中承载的劳模精神、劳动精神和工匠精神，是激励全国各族人民团结奋斗、勇往直前的强大精神力量。

"中国劳模"系列丛书，采用图文结合的方式，讲述全国劳模、大国工匠和先进工作者们的成长经历及他们追梦、筑梦、圆梦的故事，用他们在平凡岗位上创造不平凡业绩的真实故事感染读者，推动形成劳动最光荣、劳动最崇高、劳动最伟大、劳动最美丽的社会风尚，引导广大技术工人和青少年形成劳动光荣、技能宝贵、创造伟大的观念。

"匠心筑梦，强国有我。"新时代是一个万象更新、生机勃勃的时代，也是一个继往开来、创新创业和建功立业的大时代。希望广大读者能以劳动模范为榜样，以大国工匠为楷模，立志技能报国、技术强国，踔厉奋发，勇毅前行，锤炼思想品格，汲取劳动智慧，勇于担当、勤于钻研、甘于奉献，为推进新型工业化和乡村振兴，为加快建设制造强国、质量强国、航天强国、交通强国、网络强国、数字中国、农业强国，全面建设社会主义现代化国家贡献青春力量。

中华全国总工会副主席（兼）

中国航天科技集团有限公司第一研究院

211厂14车间高凤林班组组长

2022年11月

传主简介

　　贾向东，1983年2月生，山西天镇人，大学本科学历，高级工程师、高级技师。2011年8月加入中国共产党。现任中国能源建设集团山西省电力勘测设计院有限公司项目管理中心（工程承包分公司）副总经理，山西省总工会副主席（兼）。

　　2000年夏天，贾向东进入山西省电力建设二公司，成为一名送水工。2002年3月，公司统一招聘焊工，贾向东报名并幸运入选。经过三年多的勤学苦练，到2005年，贾向东的理论和技术水平都得到较大提高，他从一名普通的学徒工成长为公司的技术骨干。他先后参加了神头二电厂二期工程、阳城电厂二期工程、大同塔山电厂等多个工程的焊接工作和多个电厂的检修工作，完成的焊口总量，相当于一个人完成了一座60万千瓦火电厂锅炉的高压焊口焊接工作，没有出现过任何质量问题，焊口一次受检合格率和优良率均达到了99%，被业主誉为"信得过焊工""免检焊工"。

　　贾向东多次代表公司和山西省参加各类焊工比赛，并取得了优异的成绩。2005年11月，他首次参加山西省地电系统举办的焊工比赛，获得第一名。2006年，在山西省第二届职工职业技能大赛中，年仅23岁的他一举夺冠，成为那次大赛的状元，并代表山西省参加全国第二届职工职业技能大赛，荣获个人第十八名，在大赛组委会展示的12件优秀试件中，有2件是他的"作品"。2006年12月，他获得"三晋技术能手"荣誉称号。2007年4月，他获得全国五一劳动奖章。2009年，他被公司保送至中国劳动关系学院全国劳模本科班深造，在校学习期间被学院评为优秀学员。2009年，贾向东利用暑假积极备战全国第三届职工职业技能大赛，并一举夺得全国第二名。2009年12月，他获得"全国技术能手"荣誉称号。

2010年，贾向东被评为全国劳动模范，并到人民大会堂参加了表彰大会。2012年8月，贾向东再次代表山西省参加全国第四届职工职业技能大赛，夺得个人第一名，被授予全国五一劳动奖章。

2013年4月28日，贾向东作为一名从农民工成长起来的年轻代表，受到了习近平总书记的接见，并作为最年轻的发言代表向习近平总书记汇报了工作历程。同年9月，贾向东作为全国道德模范提名奖获得者，再次受到了习近平总书记等党和国家领导人的接见。

从2014年6月起，贾向东担任山西省电力建设二公司焊接工程处项目负责人，走上了班组管理岗位。

2017年1月，由于原单位改革，贾向东被集团公司调动到山西省电力勘测设计院工作，走上了工程管理的新岗位。

目　录

第一章　少年时代

名字的由来

1983年除夕，南方已经洋溢起盎然的春色，北国大地还是一片银装素裹。新年的喜悦不分南北地走进了家家户户，人们都沉浸在这喜庆的氛围里。

在长城脚下的一间旧窑洞里，一户人家即将迎来他们的另一件喜事。这家年轻的媳妇已经怀胎十月，预产期就在这几天。全家人都在喜悦中焦急地等待着新生命的降临。

过年垒旺火是这里的习俗。除夕之夜，家家户户都在院落门前垒起一大堆旺火，祭祀祖先，迎接财神，以图新的一年兴旺吉利。按照习俗，这旺火需要用大块煤垒成塔状，但不是所有的家庭都买得起煤。这家的男人抱了一捆柴火到窑洞门前点燃，嘴里念叨着："保佑母子平安！"

从除夕一直等到正月初三，随着一声啼哭，孩子终于出生了。

"生了！生了！"接生婆在屋里喊道，"快进来帮忙！"

男人冲进屋去，从接生婆手里接过孩子——是个胖嘟嘟的男孩。他盯着怀里的孩子看了又看，怎么也看不够。

"娃他娘，生的是个大胖小子！"男人把孩子抱到妻子跟前，给妻子看他们的孩子。

女人躺在床上，汗水打湿了她的头发，她已经精疲力竭，但看到孩子的瞬间，所有的痛和苦她都抛到了九霄云外。她目光落在孩子身上，脸上露出了幸福的笑容。

"你看，他多可爱啊！"

男人把孩子抱在怀里，越看心里越高兴。

"叫个啥名儿好呢？"自从孩子出生以后，他们就一直在想这件事情。

有一天，村里的大喇叭播放的，是那熟悉的旋律，男人不由自主地跟着哼唱起来："东方红，太阳升，中国出了个毛泽东。他为人民谋幸福……他是人民大救星……毛主席，爱人民，他是我们的带路人。为了建设新中国……领导我们向前进……"

"就叫'向东'怎么样？"男人灵光一现，想到了这个名字。

"毛主席是我们的伟大领袖，是毛主席让我们穷人翻了身，吃上了饭，还能有个家，毛主席的恩情我们不能忘！希望我们的孩子永远记住幸福生活来之不易，希望他长大了能干大事、有出息，不再像我们这辈人这么辛苦。"男人激动地对妻子说出了心里话。

"向东，向东。"女人嘴里念了两遍，"贾向东。这个名字好听，就叫这个名字吧！"

"儿啊，你有名儿了，你以后就叫贾向东了！"男人对孩子说道。孩子在他怀里，不知道是不是听懂了父亲的话，嘴角露出了微笑。

这个幸福的男人就是贾向东的父亲，这无疑是他过去28年里少有的幸福时刻之一。

贫寒，人生的第一课

贾向东出生在天镇县的一个普通农户家里。

这里地处山西省北端，与内蒙古、河北交界，素有"鸡鸣一声闻三省"之称。古代这里属于边关塞上，雄伟的古长城从境内蜿蜒而过，这里又称"边城"。

说到边关塞上，让人不禁联想起唐代著名边塞诗人王昌龄的《出塞》一诗：

> 秦时明月汉时关，
>
> 万里长征人未还。
>
> 但使龙城飞将在，
>
> 不教胡马度阴山。

天镇县的地理位置属于阴山山系，王昌龄诗中描写的正是这片土地。这里地处中原与北域的天然分界线，土地贫瘠，资源匮乏，经济发展相对落后。贾向东出生的时候，这里还是国家级贫困县。

贾向东家算得上是贫困县中的贫困户。形容一个人家里贫困，一般会用"家徒四壁"这四个字，可是，贾向东出生时家里住的窑洞都是父亲从别人家借来的，他们连自己的家都没有，可以想象当时的窘迫。

贾父是一位普普通通的农民，在家中排行第三，上面有两个姐姐，下面还有三个弟弟。在那个贫困的年代，他从14岁开始，就像大人一样在地里劳作，早早地挑起家中的大梁。后来，他跟随村里的人到大同的一个煤矿打工，转眼到了26岁，还没讨上媳妇。在农村，没文化，家里兄弟姊妹多，条件也不好，讨个媳妇真是不容易。后来，他经人介绍相了个对象，匆匆就结了婚。

结了婚还没来得及高兴，就有了新的压力。当时家里的房子一共只有三间正房，贾向东的太爷爷将三间正房给了老大，东房给了贾向东的爷爷。就这样，贾向东的父亲和爷爷一家人挤在面积不大的东房里，条件特别艰苦。贾向东的父亲是家中的长子，长子意味着要承担更多、更重的责任。他知道，弟弟们年龄都不小了，住在一起不方便。现在贾向东的父亲组建了自己的家庭，他需要尽快搬出去住，把房子腾出来给父母和弟弟们。他在村里一边转悠一边打听，最后终于打听到有一家人不久前搬进了新家，他们原来住的两孔老窑洞空了出来，他立马就去借了过来。

"爹，我在村里借到了两孔窑洞，我们搬出去住吧！弟弟们也一天天大了，我们不能一直住在这儿。我现在结了婚，搬出去住，这样屋里宽松一些，将来弟弟们结婚也方便一些。"贾向东的父亲说。他知道家中的情况，便主动提出搬出去住。

"你成家了，是应该有一个属于你们的小家。家里的条件你是看到了，委屈你们了。"贾向东的爷爷说，"搬出去住可以，把家分了吧，以后你就自立门户了。"

那时候家里特别困难，分家的时候，两个扣盖箱、一口锅、两副碗筷、两床铺盖、一个风箱，还有四五十斤玉米、几亩薄田，就是贾向东父母当时分得的全部家当。

就这样，贾向东的父亲和母亲带着分得的家当住进了借来的窑洞。贾向东就出生在这借来的窑洞里，这里就是贾向东的第一个家。

"从小我就知道，家里实在是太穷了，没有人能帮我父亲，我爷爷帮不了他，我爷爷总共有四个儿子，能给每个儿子把媳妇娶了就不错了。所以，我父亲基本上就是一个人在拼搏，努力在村里面安家立户。"贾向东说。

贾向东记得特别清楚，小时候到了春耕时，由于没有钱买化肥，就只能靠天吃饭，到了秋收季，父亲和母亲忙碌一年连别人家一半的粮食也收不到。熬不下去了就去信用社贷款，向亲戚借粮，等来年秋收卖了粮再还。每年到了秋天，打的粮食都要卖了换成钱，粮食本就不多，卖粮食的那点儿钱基本上都还债了。等到第二年再重复地找亲戚朋友周转。

"在我印象中每年都是那样。种点儿地也挣不了多少钱，能把家里面的开销摊平就不错了。"贾向东说。

贾向东的父亲是一位老实的农民，也是家里的顶梁柱，吃苦耐劳是他的本性。他知道，靠"借"维持生计不是长久之计，他必须挺起这个家。于是他在心里默默地想，一定要盖几间自己的房子。虽然应付眼前的生活就已经让他心力交瘁，但打土窑的想法一直埋在他的心里，像一粒种子，等待着春天，等待着发芽。

种了一辈子地，他知道"人勤地不懒"的道理。他每天都在地里干活儿，可是单凭种地根本挣不到什么钱，于是农闲的时候他就出门打零工，冬天在家里给村里人做鞋，挣钱补贴家用。他们就这样紧巴巴地过了几年，等到贾向东满两岁的时候，贾向东的父亲决定开始动工打土窑。他拿出家里省吃俭用攒下来的积蓄，还向亲戚借了一些钱，才勉强够打三孔土窑。与盖房子相比，打土窑花钱少，空间还大，冬暖夏凉，最适合家境贫寒的人家居住。窑洞落成的时候，全家人的心里都有一种说不出的幸福和甜蜜。他们终于搬进了自己的家。

贾向东说："到此我们才算有了真正意义上的家。"

可是好景不长，随着贾向东的弟弟妹妹相继出生，原本不富裕的家庭生活就更困难了。1995年，天镇县遭遇了一场大暴雨，土窑渗水后塌了，他们的家毁了。1997年，贾向东的父亲又开始盖新家，最后盖了五间房子。

"那个房子现在还在。"贾向东说。在他看来，父亲把他们几兄妹养大，盖的那儿间房子是他父亲这辈子做的最重要、最得意的两件事。

贫困的家境让贾向东从小就明白幸福生活来之不易，想要什么就必须通过自己的双手去努力创造。

虽然父亲没有太多的文化，但他对待艰苦生活的耐力和毅力，以及对家庭的责任感，深深地影响着贾向东。

⊙ 贾向东（右一）小时候和弟弟妹妹在窑洞的合影

爷爷讲的传奇故事

生活就是这样神奇，我们经历过的每一件事，听过的每一句话，说不定在将来的某一天都会影响我们生命的轨迹。在我们还未长大成人的时候，对我们的性格、认知影响最大的，莫过于我们的家人。

小时候，贾向东特别喜欢听爷爷讲故事。他说："爷爷不光给我讲过去的事，还教我怎样做人做事。爷爷非常健谈，经历丰富，一生充满了传奇色彩。我对爷爷讲述的发生在他身上的一个个故事很有感触，记忆犹新。"

让我们把时间的指针拨回到贾向东的童年时代。

"东东，快过来让爷爷抱一抱。"爷爷来到了院子里，贾向东正蹲在墙角边看蚂蚁打架。听见爷爷的声音后，他先转过头看了一眼，然后立马起身朝爷爷跑去，边跑嘴里边喊："爷爷！"

爷爷把贾向东抱起来举过头顶。分家以后，贾向东没和爷爷住在同一个院子里，所以不能每天都见到爷爷，爷爷每过几天就会来看看自己的小孙子。每次他都会在兜里装一些东西——有时候是几颗甜枣，有时候是几颗糖，有时候是好玩的小玩意儿。

贾向东一天天长大，他开始和村里的小朋友一起探索未知之地。村子里每一条小路都留下过他们的足迹，田间地头也有过他们的身影。他们走过的地方，都能听到清脆悦耳的欢笑声。他们像一只只欢快的小鸟，无忧无虑、自由自在地飞翔。

贾向东也喜欢跑到爷爷家的院子里去和哥哥姐姐弟弟妹妹们玩儿。那时候，家里连电都没有，晚上照明都是用煤油灯。夏天晚饭后，一家人坐在院子里乘凉，大人们坐在凳子上，悠闲地摇着蒲扇，孩子们在院子里追逐、嬉戏，欢笑声阵阵。

"当心点儿，别摔倒了！"奶奶担心地喊道。

"都过来坐下，不要跑了，黑黢黢的，摔倒了不得了！"爷爷发话了。

孩子们停止了追逐，搬来凳子，在大人身旁规规矩矩坐下。

"爷爷，爷爷，您给我们讲个故事吧！"贾向东说。他特别喜欢听爷爷讲那些稀奇古怪的故事，每次他都听得津津有味。

"爷爷讲故事，我们也想听！"其他小孩子也跟着说道。

"好，好。给你们讲讲我驯马的故事吧。"爷爷一边说，手里一边卷旱烟。

"在我年轻的时候，我们是搞集体生产，队里的人集中在一块儿干活儿，挣工分。当时生产大队买回来一匹马，为了驯服那匹马，好几个社员都受了伤，也没能驯服它。于是大队主任说，谁能驯服这匹马，队里就给谁补贴一定的粮票，还让他为大队赶车挣粮票。几天过去了，没有一个人敢出来接这活儿。大队里商议，既然没有人能驯服这匹马，就杀了它。"

讲到这里，贾向东的爷爷停顿了。他把卷好的烟叶装进烟锅子，紧接着划了一根火柴，火光顿时照亮了一大片黑夜，他将火苗靠到烟叶上，嘴里不停地猛吸，烟叶一点儿一点儿地燃烧，旱烟味儿在空气中渐渐弥散开来。

"他们最后把那匹马杀死了吗？"贾向东好奇地问。

"差一点儿就杀了那匹马。"爷爷继续说道，"我知道了这个消息，就想去试试。当时我们家穷啊，人又多，吃了上顿没下顿，说白了，我就是想去挣那几张粮票。"

"什么是粮票啊？"又有小孩子提出疑问。

"你们是没见过粮票，以前的生活比现在艰苦得多。那时候国家穷，物资紧缺，买粮食需要粮票，买油需要油票，买布需要布票，买烟需要烟票，买酒需要酒票，无论啥都需要凭票买。"

"那票是不是跟钱差不多？"

"有点儿像，但又有点儿不一样。"爷爷说，"这不是重点，重点是驯马。"

"对对，爷爷您快告诉我们那匹马最后怎么样了。"

"我去找主任说我试试，主任同意了我的请求。那匹马当时三四岁，长得特别高大、漂亮，它从来没让人骑过，野性十足，脾气很暴躁，生人一靠近，它就要发脾气。在我之前好几个人想驯服它都没成功，最后还受了伤。所以，驯马有一定的危险性。可是，那时候我话已经说出口了，屋里十几口人还等着我的粮票吃饭，我没有办法，只能硬着头皮上。其实当时我心里也害怕。我只驯过牛，哪里驯过马。我开始还在想，驯马和驯牛应该差不多，等看到马才发现，驯马比驯牛难多了。"

"那您最后成功了吗？"

"那是必须的。"

大家都被爷爷的故事吸引了，他们继续追问道："爷爷，您是怎么做到的呀？"

"驯牛最多三天就驯好了，就可以架上犁耕地了，可是那匹马我足足驯了半个多月才勉强驯好。我们常说人与人之间可以日久生情，其实人和牲口相处也是一样的，也需要先建立感情。为了驯马，我每天都同马待在一起，给它喂食、喂水、梳毛，晚上我就睡在马厩旁边。刚开始我还被它踢了几脚，瘸了好几天，但我没有放弃，我们做任何事情都不能因为遇到一点儿困难就放弃。就这样经过半个月，我就和它混熟了，我们之间建立了信任和感情，除了我没有人敢接近它。后来村里就让我专门负责养马、赶车。"

"哇！爷爷好厉害！"大家的脸上都露出了敬佩的表情。

这个故事给贾向东留下了深刻的印象。他说："爷爷不怕苦累，敢于担当，面对困难锲而不舍的精神让我受益一生。"

那时候，爷爷还经常讲贾向东三叔的故事。在贾向东小时候，三叔是全家人的骄傲。

贾向东的三叔个子不高，但非常能吃苦。贾向东听爷爷说过，三叔初中毕业后去山西省电力建设二公司做了一名临时工，工作两三年后他学会了电焊技术，成为一名优秀的焊工，转成了公司的正式职工。三叔凭借精湛的技术，在20世纪80年代末90年代初就被公司三次派到国外去工作。那会儿能出国工作是件特别了不起的事情，电建二公司的广播里经常提到三叔的名字。

"三叔当时在村里，包括在公司里，影响都是挺大的。因为当时出国工作收入高，所以别人一说起三叔，就说他在外面挣了大钱。我记得一九九几年那会儿，三叔从国外工作回来买了台电视机，花了一万多元，全村人都特别羡慕。"贾向东说。

爷爷经常以三叔的例子教育他："你看你三叔就是因为学会了一门技术，现在有了出息，找到一碗饭吃，过上了好日子。你要向三叔学习，以三叔为榜样，将来无论如何都要学会一门技术。常言道：艺高人胆大，技多不压身。学会了技术无论走到哪里都饿不着。技术就是握在手里的黄金！"

"知道了，爷爷。"贾向东说，"将来我一定要像三叔一样优秀！"

爷爷欣慰地点点头，他特别疼爱这个孙子。

那个时候，贾向东就把学一门技术的梦想刻在了脑海里。当时的他怎么也没有想到，后来三叔竟成了他的领路人，他更没想到，伟大的祖国、伟大的时代会给予他改变命运的机会，为他的梦想插上腾飞的翅膀。

快乐的上学时光

时光如水，河边的柳树绿了一季又一季，田地里的庄稼也收了好几茬，转眼贾向东五岁了。

贾向东所在的村子有一所小学。学校里有一个大操场，周围就是一片田地，附近的人们在地里干活儿的时候，都能听见教室里孩子们读书的声音。贾向东的家离这所村小很近，他经常带着弟弟在学校附近玩儿，校园里的欢声笑语和琅琅书声吸引着他。上课的时候，操场上空空荡荡，每当下课铃声响起，教室里的小朋友们都来到了操场上玩儿。每天上午固定的时间，校园广播就会响起欢快的音乐，所有的学生就会在操场上整齐地站好，跟随音乐的节奏做广播体操。

贾向东最喜欢看的是每周一早上的升国旗仪式，他一听到学校广播里播放雄壮的音乐，就朝学校飞奔而去。弟弟见哥哥跑出家门，也跟在哥哥屁股后面跑了出去，边追边喊："哥哥，等等我！"

贾向东拉着弟弟站在可以望见操场的地方，他看到有几个人站在旗杆下缓缓拉动绳子，其余的人站在操场上，一边唱歌，一边目不转睛地盯着五星红旗冉冉升上旗杆顶端。不知道为什么，每次看到这样的场景，贾向东都特别激动，他很想加入他们。

"妈妈——妈妈——"贾向东回到家对妈妈说，"我想去学校上学，让我去上学吧！"

"你才五岁，还不到上学的年龄呢。"妈妈摸摸他的脑袋说，"等你再长大一点儿吧！"

"我已经这么大了！我就想去学校和小朋友一起玩儿，我求求您了！"

"可是我说了也不算呀，要学校的校长同意才能报名。"

"那我们去找校长说说呀！"

"等我有空了就带你去。"妈妈正在给猪喂食。

"还要多久您才有空啊？我现在就想去！"贾向东缠着妈妈说。

妈妈忙完手中的活儿就带着贾向东往学校走去。村小的校长和老师大都是本村和附近村的人，乡里乡亲的，都很熟悉。

"校长好，我把他送到学校来上学，您看行不行？"妈妈把贾向东拉到跟前问校长。

"这是你家大的那个娃？都长这么高了！多大了？"校长说。

"满五岁了。"

"五岁还有点儿小嘛！"

"不小了，您看他结实得像头小牛一样。"妈妈说，"他就想上学，天天喊我送他来上学。我们大人要下地干活儿，连小孩子天天在家也没空照看，把他送到学校里早点儿读书，认几个字也好。"

"你想来学校读书？"校长问贾向东。

"嗯。"贾向东背靠着妈妈，睁大眼睛盯着校长，在家里胆子很大的他此时有点儿害羞，说不出更多的话来。

"娃想读书是好事，只是课已经上了一半了，这学期赶不上了，等九月一号开学时来报名吧！"校长说。

"那好，等下半年我就把他送过来。"

从学校走出来，贾向东欢快得像一只飞翔在田野上的小山雀。

"我要上学了！我要上学了！"他开心得蹦跳起来。

秋天的时候，贾向东入学了。

他是学前班里年龄最小的学生，老师和同学都对他关爱有加。

从第一天进入学校的大门，他就深深地爱上了学校。

在学校里，他认识了许多小伙伴，结交了很多新朋友，每天下课跟小伙伴们无忧无虑地玩儿打宝、扔石子、斗鸡、叠罗汉等各种游戏，放学了也不想回家。

1994年，贾向东小学毕业后上了县城边上的城关中学。县城的孩子主要在二中和四中读书，城关中学的学生大多数是村里的孩子。

县城的马路比村里的路要宽阔得多，路上人很多车也很多，街道两旁是各种各样的商店，城里人都不住窑洞，他们住的是砖房，那时候天镇县比较穷，楼房很少……贾向东突然来到一个全新的环境，他的内心有说不出的欣喜。

城里的中学比村小气派，新教室宽敞明亮，还装上了电灯，新学校的操场也很漂亮。

贾向东很喜欢新的环境，他在这里认识了新的同学和新的朋友，他是班里年龄最小的学生，只有十一岁，十二岁的也没几个，大多数同学是十三岁，还有岁数更大的。

他暗暗下决心：一定要好好学习，出人头地。

贾向东的家离学校有三公里，从家到学校要走半个多小时，他每天都要在家与学校之间来往。

当时家里有一辆"二八大杠"自行车，没事的时候他就学习骑自行车。十一岁的他个子不高，坐在自行车的座子上脚根本挨不到脚蹬，他只能跨在大梁上骑行。经过一段时间的练习，他能够骑着自行车上学了。那时候，村里到学校还是土路，凹凸不平，骑车很颠簸，但他乐在其中。

清晨，他从家里出发，骑着自行车从田间飞驰而过，怀着愉快的心情走进校园。下午放学后，他又和同学结伴走出校园，一路欢笑着骑车回家。

最难的是冬天。北国的冬天经常下雪，路上滑溜溜的，自行车也不能骑了。而且冬天的夜很长，早上要上早自习，贾向东天还没亮就要起床，吃完早饭天还是黑的。他穿上厚重的棉衣棉裤，脖子上挂着拇指与四指分离的棉手套，头上戴着能护住耳朵的棉帽，拿个老式手电筒就去上学了。如果赶上值日，他还得背一小捆柴火去学校生火炉。

数九寒天，风吹在脸上像刀割似的，加上天还没亮，他独自走在路上又冷又怕，浑身直哆嗦。要是下雪天，就更冷了。等到了学校，脸冻得通红，鼻涕直流，双脚已经失去了知觉。

贾向东对学习的苦并没有太大感受。他热爱学习，在他心里，学习是能够摆脱现实困难的一个途径，他能在课上课下寻得自己的快乐。他说："我们上中学的时候，经常听到的口号是：学好数理化，走遍天下都不怕。我最喜欢学的就是数学，我比较喜欢做难题，喜欢刨根问底，当通过自己的努力得出正确答案时，就会有满满的成就感和自豪感，我的理科成绩当时在班里名列前茅。可因为那个年代资讯不发达，我们只是专心于学习课本知识，对社会上各个行业、具体专业了解很少。"

多年以后，再回忆起这段读书时光，贾向东说道："对于那时候的我来讲，每天带给我最多欢乐的地方就是校园，学校成了我最喜欢待的地方。"

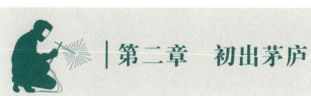

第二章　初出茅庐

父母离婚的阴影

1995年夏天，暴雨侵袭天镇县，引发了严重的洪涝灾害，父亲一手建起来的土窑塌了，那个遮风避雨的家没了。贾向东一家人只能借住在亲戚家的一间十几平方米的房子里。

人口多，房子小，再加上家里做饭的灶台是跟睡觉的土炕相连的，到了夜里一家人挤在热炕上，屁股和后背烫得像烙饼，翻来覆去睡不着。

有一天，妈妈从隔壁邻居家回来，说："我看他们家在院子里盘了个灶台，在外面做饭，屋里不热，我也想盘一个。"

贾向东从小就爱动脑、动手，他经常用木头给弟弟妹妹做些小玩具，给家里做些收纳用的小盒子，或是用柳条编筐。贾向东的家里到现在还保留着一个他小时候做的有盖儿的盒子，父亲一直不舍得扔。

他一听妈妈这么说，马上就来了兴趣说："妈，您带我去看看。看明白了，我回来也给您盘一个。"

到了邻居家，贾向东就围着灶台仔仔细细地观察，他在脑子里思考灶台的结构，同时想着砌砖的步骤。直到全部琢磨透了，他才对妈妈说："妈，我知道怎么弄了，我先回去了。"

贾向东回到家就开始行动。他先和好泥，然后再利用院子里的旧砖块动手砌起来，弟弟妹妹给他打下手，不到半天他们就把灶台砌好了。

"妈，灶台盘好了，我们把锅放上去烧火试试看。"贾向东得意地说。

母亲把铁锅放到刚刚砌好的灶台上，锅放进去正好，而且烧火一点儿也不跑烟，灶很好用。

"不错不错，我儿子真能干！"母亲高兴得逢人就夸，贾向东因此得到了很多人的夸赞。

可是，幸福的日子总是短暂的。贾向东童年幸福快乐的日子在他十二岁那一年结束了。

那一年，贾向东的父母因为感情不和离婚了。

房子塌了可以再建，可是父母离婚了，家就彻底破裂了。这件事对贾向东的打击很大，是他童年生活中挥之不去的阴影。

那时候他还不知道什么是离婚，也不知道父母为什么离婚，但他心里知道，以后妈妈不会再和他们一起生活了。

母亲离开以后，贾向东和弟弟妹妹随父亲一起生活。

当时家里种了三十多亩地，父亲一个人连地里的农活儿都忙不完，就更顾不上家里了。贾向东作为家中的长子，主动承担起了做饭、洗衣、挑水、照顾弟弟妹妹等家务，就连衣服破了也得他动手缝补。

有一年，家里种了很多香菜，父亲一个人忙不过来，顾不上拉出去卖。贾向东看着父亲每日忙碌的身影，心里很不是滋味，他很想帮帮父亲。

"爹，明天周末不上学，我把香菜拉出去卖了吧。"贾向东对父亲说。

"你从没干过这些活儿，能行不？"父亲问。

"这有啥难的？"贾向东故作轻松地说。

他见父亲没说话，接着继续说道："您就放心好了，凡事都有第一次，我正好锻炼一下。"

"我叫上你堂哥和你一起去，他家韭菜也能卖了，俩人有个照应。"父亲说。

于是，第二天天还没亮，父亲就带着贾向东下地把香菜从土里拔出来装到骡子车上，然后去堂哥他家地里拉韭菜。

"今天你们就把这些香菜和韭菜拉到附近的村庄去卖。"父亲说，"卖完了早点儿回来。"

贾向东和堂哥赶着骡子车出发了，父亲还在嘱咐："路上小心点儿！卖不完就拉回来。"

"知道了！"

这是贾向东第一次卖菜，其实他并没有自己想象中那么勇敢、自信。碰到熟人，他感到脸上火辣辣的。他知道碰到人该吆喝，可是他不敢，嗓子像是被什么东西给堵住了，声音就是发不出来。

"东东，你是不是紧张，不好意思开口？"堂哥见贾向东一直沉默着，便问他。

"嗯。"贾向东说，"我不知道怎么吆喝。"

"第一次放不下脸面是正常的，我第一次出来卖菜的时候和你现在一样，也喊不出口，感觉路上的人都在看我，心里老紧张了。慢慢地，你就知道了，其实那些都是我们自己想象出来的，别人哪有工夫在意我们啊？你说是不是这个道理？多经历几次就好了。"堂哥开导贾向东说，"你一会儿跟着我吆喝就是了，我喊一句你喊一句。"

"嗯。"他知道，如果香菜卖不出去就会坏掉，那父亲的辛苦就白费了。经过一番挣扎，他终于鼓足勇气开始吆喝。

"卖香菜嘞！新鲜的香菜卖嘞！"

他跟着堂哥一声接着一声吆喝起来，很快就把车上拉的香菜都卖完了。他摸着兜里的卖菜钱心里美滋滋的。

农忙的时候，贾向东和弟弟还会下地帮父亲，一年下来，犁地、播种、锄草、收割等地里的农活儿他基本上都会干了。

一方面，贫寒加上特殊的家庭情况磨炼了贾向东的意志，使他从小便学会了自立。另一方面，父母离婚也给他带来了心灵上的创伤。那是刻骨铭心的痛，也是他最不愿意回想的一段痛苦记忆。

很多个夜晚，他都躲在被子里悄悄地哭。他想妈妈，多么希望早上醒来时妈妈就回来了。他更希望一家人每天快乐地在一起。可是，这样的日子只能存在于他的梦中了。

那时候，人们的思想比较传统，离婚在村里并不常见，谁家离婚了都会成为全村人茶余饭后的谈资。

有时候，村里人在路上碰到他会问："你想妈妈吗？"

更可恶的是，有的人还会故意拿此事刺激他："你没有妈妈了，你妈妈不要你了！"

每次遇到这种情况，他都只想逃离。要是地上有个缝儿，他恨不得马上钻进去。

在学校，班上的同学知道了这件事后，有些调皮的学生经常嘲笑他。而他是一个自尊心很强的孩子，父母离婚让他抬不起头，他感觉别人看他的目光都是异样的，性格变得越来越孤僻，脸上纯真的笑容消失了，他不愿意与班上的同学玩儿，把自己封闭了起来。

由于心理负担过重，久而久之，他很难将注意力集中在学习上，学习成绩也开始下降了。

贾向东没能考上大学，这也成了他最遗憾的事情。

决定命运的家庭会议

回家以后，贾向东换上一身旧衣服，每天跟着父亲下地干农活儿。

清早，他扛起锄头拿上镰刀，跟在父亲身后。父子俩一前一后，默默地朝自家的地里走去。

父亲不善言辞，贾向东自从母亲离开家以后也变得沉默了。

夏天的早晨，湛蓝的天空飘浮着几朵白云，路两旁的青草上还挂着晶莹剔透的露珠，再远一点儿是一望无际的玉米地，成片的玉米秆儿随着晨风轻轻摇摆。放眼望去，田野连着村舍，村舍连着田野，全都被淡淡的晨雾笼罩着……

如果没有什么心事，静静地欣赏这美景，该多么惬意美好啊！可是，生活中总有那么多不如意的事等着我们。

走到自家地里，贾向东在一块空地上没命地挖起来。火辣辣的阳光照在他的背上，不一会儿汗水就湿透了衣衫，他索性把上身衣服脱了个精光，继续拼命地挖，像是在与自己坎坷的命运赌气，又像是在发泄心中的怒火。

"东东，你慢点儿干！"父亲心疼地说。

"爹，您不用管我，我辜负了您的期望！您就让我吃一吃苦吧！"贾向东不敢抬头看父亲，埋着头使劲儿地挖地。

"孩子，是爹没本事，没给你们几个创造好的环境。"贾向东的父亲停下手中的活儿愧疚地说，"没考上大学不怨你，是我和你妈离婚影响了你的学习。"

贾向东没有说话，因为此刻眼泪正在他的眼眶里打转，他努力地抑制着不让自己哭出来。过了片刻，他才说："爹，我们几个都知道您不容易。没考上大学，说不伤心那是假的，可是伤心又能怎么样？我不是读书的料，没考上就没考上吧，全天下有那么多没考上大学的人，他们不一样活得很好吗？您放心，就算这辈子当农民，我也要干出个样儿来！"

"唉！"贾向东的父亲默默地叹了一口气。

父母送孩子读书为了什么？不就是为了他有朝一日告别这"面朝黄土背朝天"的生活吗？父亲的心像刀割一般疼。

虽然分家后爷爷没有与贾向东家住在一起，但是家里的事情他都清清楚楚。他也在默默为自己孙子的前程打算。

爷爷心里清楚，如果贾向东跟着他父亲在村里种地，将来很难有好的发展，孩子必须得出村去闯一闯。

谁来带他呢？

爷爷在心里盘算他的三个儿子：贾向东的父亲是朴实的农民，一辈子都在家里种地；老三是一名焊工，在外面干得很出色，在村里小有名气；老四是家里唯一的大学生，大学毕业后在城里当老师。这事只能让老三和老四来办。他会心一笑，一个计划开始在他心里酝酿，他没有把自己的想法告诉任何人。

他用村里的公共电话联系了两个儿子。

"老三，你这周末回老家一趟，把孩子们都带上，回来聚聚。"

"老四，你三哥一家人这周末都要回来，你们家也回来吧，全家人聚聚。"

爷爷来到贾向东家，对贾向东的父亲说："过两天你两个弟弟都要回来，到时候你们也过来一起吃饭。"

转眼到了周末，老三、老四带着家人都回到了老院子，家里热闹得像过年似的。

院子里有一棵大杨树，是爷爷小时候亲手种下的，现在长得又高又粗。夏天的时候一家人还可以在树下乘凉。吃完饭，爷爷召集大伙儿在院子里坐下。

爷爷说："今天你们回来我很高兴，平时你们工作忙，回来一次不容易，今天人到得齐，一家人在一起聚一聚，拉拉家常，热闹热闹，真是让人高兴啊！老三和老四在城里上班，在别人眼里，老三和老四有出息，可是你们越有出息，走得就越远。别看你们的大哥在村里，不像你们那么有本事，其实他对这个家付出的才是最多的。平时你们不在，家里哪件事不是你们大哥跑腿？我头疼脑热，也是你们的大哥在我身边端茶送水。这些你们都要心中有数。"

"爹，您说这些干啥？这些不都是我应该做的嘛。"贾向东的父亲说，"老三、老四在外面打拼，村里人提起都会竖大拇指，他们是我们家的骄傲，我这个做哥哥的脸上也有光。"

"有本事当然是好事，但你们俩要记住：本事再大，走得再远，这里都是你们的根。"

"爹，这些我们心里都清楚得很。"贾向东的三叔说。

"对，这些我们心里都知道。"贾向东的四叔随着说道。

"光心里知道还不够，在你们小时候，你们大哥没少照顾你们，带你们，现在你们的日子过好了，你们还要想办法拉一拉大哥家。"爷爷说，"就比如现在，你看你们两个侄儿，读书不行，考大学没戏，年纪轻轻，不能还像他爹一样当农民种地啊！现在社会发展好，城里机会多，你们要想办法把他们带到城里去，历练历练，学个技术也好，将来也能有一碗轻松饭吃。"

贾向东坐在父亲身边，默默地听着大人们讲话，听到爷爷说自己，他的脸唰的一下就红了，心跳也加速了。

"这个我回去想一想。"三叔说。

"我也是，我回去想想怎么弄。"四叔说。

"他们是你们的亲侄子，你们俩要把我这两个孙子培养好。"爷爷说，"话都说到这里了，那我就分配一下任务。老三和老四一人带一个，把他们带到城里去，给他们找个事做——做什么事情都可以，要让他们在城里立足。"

"你们现在就选。"爷爷让贾向东的三叔和四叔从贾向东和弟弟中做选择。

"我选大侄子吧！"三叔选择了贾向东。弟弟自然就跟了四叔。

"那就这么定下来了，你们要把他们像亲儿子一样带，不说把他们带得多有出息，至少能让他们有一碗饭吃，这是我对你们的最低要求。你们这次回去就抓紧做这件事，等那边准备好了就给个消息，早点儿把他们带出去。"爷爷说。

就这样，贾向东的命运与他崇敬的三叔联系到了一起。

事情的发展是他做梦都没有想到的，他既兴奋又激动，他在心里暗暗发誓："将来我一定要像三叔一样优秀！"

第一次独自远行

"东东，你三叔来消息了！你这两天就去朔州找你三叔。"父亲把消息告诉了贾向东。

这个消息贾向东已经等了一个多月，自从上次三叔走后，他一直在等待三叔的消息，晚上躺在炕上他还在想："进城后我能做什么事情呢？三叔会带我做什么事呢？"

现在三叔终于来消息了，让贾向东去朔州神头电厂找他，三叔在那里工作。

　　贾向东的父亲很开心，他特意去了一趟城里，替贾向东买好了第二天去朔州的车票，然后花了二十块钱为儿子选了一双皮鞋。他还在菜市场买了点儿新鲜猪肉，打算晚上做一顿好吃的，为儿子饯行。

　　"东东，来试试这双鞋。"父亲回家拿出崭新的皮鞋让贾向东穿上。

　　"爹，你买皮鞋干什么？"贾向东一边穿鞋一边问父亲。他从来没穿过皮鞋，以前上学他穿的都是父亲做的布鞋，或者是几块钱一双的胶鞋。第一次看到父亲买了一双皮鞋回来，他既好奇又疑惑。

　　"你这不是要去城里工作嘛，我就给你买了一双。"

　　"唉，浪费那钱干什么。"贾向东穿好鞋站起身，仔细看脚上的鞋，很漂亮。

　　"这鞋穿上不赖！"父亲说，"走两步看看合脚不。"

　　贾向东走了几步，说："大小挺合适的，走起路来也不磨脚，鞋很舒服。"

　　父亲脸上露出了满意的微笑。

　　"这鞋多少钱？"贾向东问。

　　"二十。"

　　"这么贵？"贾向东笑着说，"我这还没开始挣钱，倒先花了不少钱。"

　　"怕啥呢，以后你能挣老多钱了。"

　　贾向东准备把鞋脱下来，父亲说："穿着吧，就当适应适应。"

父亲给贾向东收拾行李，把穿的用的东西装了一大包。

父亲从衣服里掏出五十块钱给贾向东，说："这五十块钱你带在身上，去那边也得花钱，你看清楚，我把钱给你装在这件衣服的衣兜里了！"

"知道了，爹。"

收拾完这些后父亲又开始张罗晚饭。父亲做饭，贾向东就帮父亲烧火。父亲一边做饭，一边叮嘱贾向东："在外面一定要照顾好自己，不能亏待自己。跟着你三叔好好学习，遇到不懂的事情多问问你三叔，多学点儿技术，将来用得着。在外嘴巴要甜，要勤快，要低调，还要与周围人处好关系……"

临走前爷爷特意嘱咐贾向东："技术是握在手里的黄金，一定要学一门技术回来。"

离开家的那天，父亲把贾向东送到车站。车站里人很多，都拿着大包小包的行李，贾向东的行李在他父亲手里，他们站在那里等车。

"爹，到朔州的车来了，我走了。"贾向东说。

"快上车吧！"父亲把行李交到儿子手上，贾向东提着行李，跟随着人流挤上了汽车。

贾向东在车上找到位置坐下来，隔着窗户看到父亲还站在原地。父亲朝他挥了挥手，贾向东也挥了挥手，他什么也没说，他怕一开口眼泪就会流出来。

汽车缓缓开动了。父亲、车站渐渐远去。

这是贾向东第一次出远门，第一次坐长途汽车，他欣喜地望着窗外，坐车的新鲜感让他着迷。窗外熟悉的街道，远处的村舍、田野、山川从眼前一闪而过。突然之间，他有些不舍，但想到自己即将迎来全新的生活，内心又对那未知的新生活充满期待。他在心里默念："再见了，亲人！再见了，生我养我的故乡！再见了，天镇县！朔州，我来了！新生活，我来了！"

那是2000年，从天镇县到朔州市坐汽车要四五个小时，早上出发，中午才到朔州市。贾向东要去神头电厂找三叔，正好汽车从电厂附近路过。贾向东远远地就看见了电厂的烟囱和冷却塔，也看到了接他的三叔，就在二级路电厂的站点下了车。

电厂就在眼前。三叔帮贾向东拿了一部分行李，两人一起朝电厂走去，贾向东心情特别激动。

他不知道的是，他下车的地方离电厂看起来很近，实际上有五公里。夏天中午的太阳像一个大火球，火辣辣的阳光炙烤着大地，连空气都是滚烫滚烫的。路上除了他和三叔以外，一个人都没有，贾向东提着行李走着，汗水直往眼睛里流。手上的行李越来越重，包里仿佛装了石头。贾向东足足走了五十分钟才到三叔家里，又热又渴，筋疲力尽。仿佛新生活给了他一个下马威。

他永远忘不了第一次独自离开家到一个陌生的城市，永远忘不了通往电厂的那五公里路，永远忘不了那个炎热的夏天的中午，那是他走向新生活的第一步。

这段记忆对他来说太深刻了！

快乐的送水工

　　贾向东先在三叔家住了下来。

　　三叔对他说："项目部后勤缺一个送水工，我已经打好招呼了，过几天我带你过去。一个月三百块钱，你先干着。"

　　当时三叔在阳城项目部焊接工地上当班长。过了几天，三叔把贾向东带到了阳城项目部，工地旁边有一块区域是生活区，纯净水房就在项目部生活区里。贾向东新奇地打量着周围的环境，这一切对于他来说，都是全新的。

　　就这样，在三叔的介绍下贾向东开始了送水工的生活。这是他人生中的第一份工作。

　　当时有上千人住在生活区，水房里安装有反渗透净水机，贾向东每天主要的工作就是制水和送水。每天他都要把水装进纯净水桶包装好，然后送到各个办公室。一桶水大约有三十八斤重，他每天都要送上百桶水。除了送水，他还要在水房值班，每天都会有人来换水，他还负责给人换水。

　　上班第一天，送第一桶水，他轻轻松松就完成了。接着送第二桶、第三桶、第四桶……一直送到几十桶，到后面他感觉手和脚都不是自己的了，手中的水桶仿佛越来越重，脚也越来越重。

难熬的时候他就在心里对自己说："贾向东，这才第一天，难道你就扛不住了吗？如果你连这点儿苦都吃不了，你还能干什么呢？"于是，他咬牙坚持了下来。

一天下来，他手上就磨出了泡，晚上洗澡的时候，他看到自己的肩上已经磨掉了一层皮，破皮的地方一遇到水更是火辣辣地疼，两条胳膊一点儿力气都没有。躺在床上顾不上身上的痛，他就睡着了。那天晚上他睡得特别香。

第二天，他又重复第一天的工作。睡了一晚上起来，他发现两条胳膊更酸痛了，穿衣服的时候胳膊都不敢弯曲。前一天手上磨出来的泡还没消，于是他找来了一副手套。接连几天下来，他感觉全身上下没有一处不疼。这一次，他深刻地体验到生活的艰难，但再难都得坚持下去。

万事开头难，慢慢地他就习惯了这种生活。久而久之，他已经感受不到肉体的疼痛了。他的力气也变得更大了。最开始他一次只能拿起一桶水，后来他一次可以同时送两桶水，而且还可以做到健步如飞。

月底的时候，他领到了三百元工资，钱领到手的时候，他心里乐开了花。这是他自己挣的第一笔钱。他决定找时间给家里写一封信，告诉家人他在这里工作的情况。

亲爱的爷爷、爸爸：

时间过得真快啊，转眼我都离开家一个多月了。

这一个月我感觉过得特别快，也特别充实。这是我开启新生活的第一步，我相信以后会越来越好的。

我在这边一切都好，你们放心。

三叔给我找了管水房的工作，我每天就负责给他们换水。才来这里的时候，我还有一点点不适应，不过我都坚持下来了，现在我已经完全适应了这里的生活。

这份工作不难，在这里，我每天都会接触很多人，现在，我与工地上的工人大部分都认识。

家里都好吗？地里的瓜可以吃了吧？

爷爷、爸爸，你们在家里一定要保重身体。地里的活儿能做多少就做多少，不要做太多了，身体最要紧。

前几天我领到了人生中的第一笔工资，有三百块钱，我心里特别高兴，顿时感觉一个月的辛苦都值了。

我随信寄了一百元，五十元给爷爷，五十元给爸爸，这是我孝敬你们的，你们自己去买点儿好吃的吧。

现在我和弟弟都可以自己挣钱了，家里的负担没那么重了，你们也不要太劳累了。过年我就回家看你们。

　　　　　　　　　　　　　　　　　　　　　向东

写完后，他小心翼翼地把信装进了信封，在信里面夹了两张五十元的钞票。他抽空去镇上的邮局把信寄了回去。

日子就这样有条不紊地过着。三叔下班后经常来看贾向东，有时候还喊上他一起吃饭。三叔是他在这里唯一的亲人，他心里感到特别温暖。

过了大半个月，他收到了爷爷的回信。

向东：

你寄的信我们收到了。我和你爸得知你在那边很适应，都很高兴。转眼间，你已经长成一个独立的大人了。

你在那边要照顾好自己，现在你还在长身体，生活上不要节约，挣的钱你留着自己花，要吃好饭，身体是革命的本钱。

工作上的问题多向你三叔请教。不管做什么工作，都要踏踏实实干好。现在你刚步入社会，要好好接受生活的历练。不要心急，不要浮躁，要脚踏实地。低调做人，高调做事，虚心学习，不要沾染坏习气。

等将来有机会，你就去学一门技术，我常跟你们说的"技术是握在手里的黄金"，你要记在心上。

家里一切都好，在那边好好工作。

祝你百尺竿头，更进一步！

爷爷

读完信贾向东很激动，感觉浑身上下充满了力量。他把信揣在身上，反复看了好几遍。爷爷和父亲的期许、嘱咐萦绕在他耳边。

水房里每天只有他一个人，水房的工作内容虽不复杂，但是很枯燥。送完水没事的时候，他只有干坐在那里等人来换水。

"你没事干的时候可以练练字嘛。"水房旁边就是办公区，有一次办公室里的一位领导见贾向东没事做，便给他提了这个建议。

"对啊，闲着也是闲着，练字不仅可以打发时间，而且字练好了将来说不定有用。"贾向东心里想。很快，他就去街上买了毛笔和墨水，在商店老板的推荐下，他还买了一本字帖。

回到工地，他在水房的角落里搭了一张桌子，摆上笔墨纸砚，没事的时候就安安静静地练字。

他往办公室送水的时候，看到过期的报纸就问："领导，这些报纸您还用吗？不用的话可不可以给我啊？"

领导很好奇，便问他："你要这些过期的报纸做什么？"

"我拿来练字。"贾向东说。

"练字好啊！年轻人爱学习是好事，以后办公室里过期的报纸都给你。"领导笑着说，"不过练字可不能耽误工作哦！"

"领导您放心，我绝不会耽误工作，工作我一定干好！"

于是，办公室里很多过期的报纸都被他拿来练字了。

除了练字，有时候他也会找一些书来读。他刚从学校出来没多久，虽然没机会上大学，但工作之余他仍然坚持学习。

就这样，一天天下来，他读完了很多本书，字写得也越来越好，更重要的是，他每天都过得特别充实、快乐。这份工作，他一干就是两年。

⊙ 2000年底，贾向东在项目部工作时留影

⊙ 2000年底，贾向东在阳城电厂水塔附近留影

⊙ 2001年正月十五，贾向东在项目部水房后面搭的旺火旁留影

⊙ 贾向东的书法作品

⊙ 贾向东的书法作品

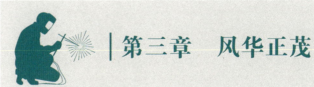

第三章　风华正茂

终于学技术了

"东东，公司在招聘焊工，你赶紧去报名。"

听到三叔带来的消息，贾向东很开心，爷爷从小就嘱咐他"技术是握在手里的黄金"，他一直记在心里，他也一直渴望能学点儿技术，现在机会来了。

三叔带他报了名，最后他成功入选了。入选后公司组织了统一的焊工培训，培训通过就能正式成为一名焊工了。

"你要好好学技术，认真练习，不懂的地方要多问、多看。"三叔嘱咐他。

终于可以学技术了！这一天他已经期待很久了，他格外珍惜这次焊工培训的机会。

参加培训的总共有三十多人，大部分是通过社会招聘进来的。招聘进来的人参加培训是需要交学费的。贾向东和另外几个年轻小伙子因为先前就在公司工地上干活儿，所以他们就不用交学费。

参加培训的第一天，教练在台上首先介绍了焊接需要用到的工具，并亲自演示了每种工具的使用方法，还强调了许多工作要点。教练讲完以后，大家就分组练习，三个人一组，每组都有师傅带。

贾向东已经跃跃欲试了，他拿起焊枪操作起来，电焊枪接触钢板的瞬间，发出强烈而刺眼的光芒，炙热的火花像烟花爆炸一般四处飞溅。他感到很新鲜，在钢板上划过一道道焊缝，但焊出来的效果却很难让人满意。比如，他焊的接头处外观有明显的未熔合和气孔，焊缝咬边深的深浅的浅，焊缝歪歪扭扭，一点儿也不美观。看来要想焊好并没有想象中那么容易。

一天练下来，走出培训车间的时候，他感觉眼睛看东西都模糊了，眼里像进了沙子似的，很疼。那天晚上，他在床上翻来覆去睡不着，眼睛疼了一晚上。

不过，第二天一早他就去了培训车间，他是第一个到的。他把车间的卫生打扫干净，在地上浇了水，然后把培训要用的东西全都准备好，其他学员才陆陆续续走进来。之后的每一天，他都是第一个到培训车间的，每天他都主动打扫卫生。

有工友不理解，劝他说："你去那么早，去了也是白干活儿，那些本来不是你的活儿，你何必辛苦自己呢？"

"没关系的，多干点儿活儿无所谓，反正我们一天都待在那里，卫生打扫干净了，大家待着都会舒服一些嘛。"贾向东笑着说。

每天培训结束，他还会多待一会儿，多练一会儿。他总是第一个走进培训车间，最后一个走出培训车间，练习时间最长的是他，用料最多的也是他。

贾向东读过书，他知道"业精于勤，荒于嬉；行成于思，毁于随"的道理。从那时起，勤学苦练、钻研技术就成了他生活的全部。平焊、立焊、横焊、仰焊，他一项一项地练，站、仰、蹲、趴，他一招一式地学。单位组织的焊工培训，他一节课都没落下，跟师傅学习实践操作，他一次也没错过。每当师傅做完演示后，其他学员走了，他还蹲在那里，拿自己歪歪扭扭的焊缝和师傅笔直均匀的焊缝作比较，从中找差距、找问题、找窍门。为了练习握稳焊把，就是手举焊把的时间再长、胳膊再疼，他都咬牙坚持。

师傅见他勤奋好学，也愿意给他多说一点儿。师傅告诉他："焊工这一行看起来简单，其实要想真正做好，还需要下苦功夫。而且，理论知识也少不了，不掌握理论知识的焊工只能是二流水平。"

贾向东的师傅是范如杞，在焊工这一行已经干了几十年，20世纪80年代，范师傅在全国焊工大赛中还获得过第三名的好成绩。他是一位经验丰富、技术过硬的焊接技术工人，当时他是培训中心的主任，大部分时间他都在培训车间指导学员。贾向东很荣幸能得到范师傅的指导，范师傅对贾向东的成长影响很大，他的严格要求使得贾向东在技术上一直苦苦追求，精益求精。

贾向东从师傅那里借来焊工理论与技术方面的书籍，看了又看，记了又记，遇到不明白的问题，便向师傅和工友们讨教。别人一天练七八个小时，他总想多练一两个小时；别人回宿舍就休息，他还抓紧时间认真学习理论知识。

焊工的培训成本较高，教练控制着练习的量，让学员们互相多看，互相学习。下料①一天两次，上午焊完的钢板下午上班的时候加工，下午焊完的钢板第二天早上加工，所以每个人一天焊不了几道焊缝。贾向东为了多练习，就把切割下来的废料一条一条地拼接

---

① 指将零件或毛坯从原料上分离下来的工序。

起来练，这样一次能焊四五道焊缝，拼好后的废料就像北方家里取暖用的火炉的炉底。"功夫不负有心人"，贾向东成为培训班里进步最快、技术最好的一个学员。

最后，他以优异的成绩通过了培训，并大步走向了焊接这一工作。

成为焊工

培训结束后，贾向东被派到参与河南周口电厂项目进行焊接工作，公司还派了一位年长的焊工与他同行。

现在他已经是一名正式焊工了。

虽然培训的成绩很优秀，但是到工地以后，贾向东发现培训时练习的焊接工作与工地上实际的焊接工作区别很大，单是工作环境就有很大差异。所以，对贾向东来说，所有的工作都是全新的。于是，他首先从入门级的工作干起，每天他都在琢磨怎样才能焊得更好，他一边在书上找答案，一边看别人是怎么焊的，边学边干，边干边学。苦心人天不负，他进步非常快。起初，他只能焊接一些不重要的结构件，慢慢地，重要的部件他也可以上手了。最开始，他只能焊接低压管道，慢慢地，高温高压管道他也可以轻松自如地驾驭了。

河南周口电厂项目工期紧，任务重，到施工现场后，贾向东一心扑在工作上，每天趴在锅炉上十几个小时，尽管各种防护用具都有，可弧光打眼还是常有的事，他的眼睛经常又红又肿，特别难受。别看焊把不重，但拿着焊把保持一个姿势干上一整天，很多人都吃不消，有时候他累得连腰都直不起来。

河南周口电厂项目一干就是一年半，从夏天一直干到第二年的冬天，气温和环境的变化对焊工来说也是一大考验。

夏天，室外气温超过30℃，可是天气再热焊工们也要穿上厚厚的防护服。有时候焊材需要加温到200℃才能施焊，脸上电弧烤，背上太阳晒，天天"洗桑拿"。最苦的是仰脸焊接盖面，为了不影响整体质量，几百摄氏度高温的焊渣掉到身上是常有的事，但贾向东尽量忍着，因为焊接的时候不能停，停了就会多一个接头出来，而多一个接头就会影响焊缝的成型，甚至影响焊接质量。他深知每一道焊口的质量对电厂安全运行的重要意义，深知自己工作的责任重大，也深知将每一处缝隙焊接完美是一个焊工的使命。

有一次贾向东在进行仰焊的时候，一大块儿焊渣掉在了衣服上，他焊着焊着感觉肚皮发烫，等他坚持把一根焊条焊完时衣服已经着火了，他赶紧把火拍灭，但衣服还是烧了碗口大的一个洞。

夏天流汗多，有时候，汗水浸到伤口里，抓心地疼，还特别容易感染。这些对焊工来说，就是家常便饭，贾向东的手上、胳膊上、腿上，大大小小的伤疤赫然在目。他早就记不清这些伤疤是什么时候被焊花烫的了，在他看来，这太正常了。他说："干我们这一行的都这样，轻一点儿的烫伤不管它，重一点儿的就用纱布包扎一下。"

虽然焊接是一项艰苦工作，但贾向东从没后悔过，他说："这是我的工作，我的职责。要么不干，要干就得干好。"在各个施工现场，他和同事不断努力，渐渐地他爱上了这个职业。

当地的冬天是寒冷的，但项目部不能因为天气寒冷而停止工作，工期一天赶一天，耽搁不起，无论刮风下雪，贾向东他们整天都在锅炉上焊接。他们常常站在几十米高的地方作业，周围没有任何遮挡，风吹在脸上像刀割似的，手冻得连焊把都拿不稳，身上穿再多的衣服也感觉不到暖和。

贾向东记得特别清楚，当时煤仓安装需要焊接，贾向东和他的同事晚上加班，那天的风特别大，煤仓的墙体还没开始砌筑，刺骨的寒风从外面吹进来，仿佛无数把利剑在身上割，牙齿不住地打着寒战，手也冻得直发抖。

"今晚实在是太冷了，感觉这风都钻到骨头里了！"贾向东和一个年龄大一些的同事在架子上一起焊接，两个人都冷得受不了。同事就把工具袋拿起来，用细铁丝绑在了迎风那条腿的膝盖上。

"向东，你也像我这样绑上。"同事喊道。

贾向东按照同事的方法也绑上了，果然有一定作用。

焊接的时候，焊工们有时候需要蹲着，有时候需要站着，有时候需要跪着，有时候需要趴着，有时候需要用绳子吊着，长期用蹲、站、跪等姿势工作，对膝盖的损伤很大。贾向东说，那时候他太年轻了，才十九岁，没有经验，不懂得多穿点儿衣服防风，膝盖落下了毛病，工作五六年后，长时间蹲着膝盖就会疼得受不了，就连在老家的土炕上盘腿坐都不行，为此他的两个膝盖都打了封闭针，这样才好一些。

在河南周口电厂项目一年半的工作中，一些抢进度、质量要求高、难度大的焊接场景都有贾向东的身影。干活儿的时候，班长从来不用告诉他要干多少活儿，他干起活儿来就会忘记周围的环境、噪声，就连时间他都会忘记，完全沉浸在工作里，他的眼里、心里都是怎样焊得更好、更快。他经常获得领导和同事的好评，都夸他活儿干得漂亮。他自己也很高兴，很有成就感。

　　有时候他也会犯错。有一次，在烟风道地面组合焊接的一个场景中，膨胀节非常薄，需要把2mm厚的膨胀节和5mm左右厚的烟道焊在一起，班长安排贾向东和几个同事去完成这项工作。技术交底中要求使用直径不超过3.2mm的焊条焊接，要求焊接电流也要小一些，刚开始贾向东用直径3.2mm的焊条焊接，成型虽然美观但速度有点儿慢，他去工具房喝水时，顺便拿了一些直径4.0mm的焊条进行膨胀节的焊接工作，结果成型也不错，而且速度提升了许多，他为自己能用这么粗的焊条焊接这么薄的设备暗自得意，同事看了也竖起大拇指。但这个行为正好被技术负责人看到了，他挨了批评。

　　"谁让你擅自更换焊条的？"技术负责人一脸严厉地问。

　　"我看到那边有直径4.0mm的焊条，就想着试一试。你看焊出来成型也不错，而且焊接的速度更快。"贾向东解释道。

　　"看问题不能只看表面！既然技术交底中要求使用不超过直径3.2mm的焊条焊接，自然有它的道理。"技术负责人说，"你用直径4.0mm的焊条焊接，后面绝对会引起应力集中①，变形加大。"

---

　　①指物体中应力局部增高的现象，一般出现在物体形状急剧变化的地方，如缺口、孔洞、沟槽以及有刚性约束处。应力集中能使物体产生疲劳裂纹，也能使脆性材料制成的零件发生静载断裂。

贾向东并不认同技术负责人的观点，他心里不服，但也没再与技术负责人争辩。他在心里想："焊接过程中也没看到有多大变形，后面我就要对比看看，是不是那么严重。"

"不准再用直径4.0mm的焊条焊接了，后面必须严格按照要求使用直径3.2mm的焊条焊接。"技术负责人说。

任务完成后，等烟风道吊装到锅炉上安装时，贾向东独自悄悄上锅炉上去看了，他用直径4.0mm的焊条焊接的部位确实比直径3.2mm的焊条焊接的变形要大，这下他心服口服了，他从心里佩服技术负责人。从此以后，贾向东更加认识到理论知识的重要性，一有时间他就拿起书学习。

"拼命三郎"

河南周口电厂项目是贾向东参与的第一个焊接项目，也是他焊工生涯的起点。

那时候，他虽然只是一个二十来岁的小伙子，但干起活来简直就是一个"拼命三郎"。他像着魔了似的对焊接工作上瘾。他说："那会儿我每天心里就只有焊接这一件事，白天干活儿的时候我边焊边琢磨，边焊边总结，每做完一项焊接工作我都会给自己挑毛病，直到挑不出毛病来。干活儿的时候，我对自己其实是有要求的，不能差不多就行了，必须精益求精。"每天干完活儿，贾向东还会检查自己一天的工作成效，他站在自己焊接的部位前看了又看，像是在欣赏自己创造的艺术品，看到自己做得不错，他的脸上会露出满意的微笑，然后带着满满的成就感愉快地下班。

贾向东介绍，判断焊口焊得好不好，从外观上来说，一是看焊缝宽窄差，二是看焊缝高低差，三是看波纹是否均匀美观。内部通过 X 光检测，焊缝黑度均匀，没有缺陷就是好焊活儿。有缺陷就有可能在将来的运行中爆管。焊缝宽窄差和高低差为零是最高的水平。要想做出这样的焊活儿，非常不容易，必须得有兢兢业业的工作精神。

有很多次，工地负责人看到他干的活儿后都夸他："小贾，这活儿干得漂亮！你这一点儿都不像是新手，你比许多老焊工焊得还要好！"

当时，电厂工地上还有几名技术不错的同事，他们都是焊工，在大部分难度大、工期紧的焊接工作现场都能看到他们几个人的身影。

"我印象特别深刻，当时我们几个人年龄差不多，干活儿的时候我们经常比着干，我们比速度也比质量，还经常在一起琢磨、交流，我们进步都特别快，每天干活儿也有劲儿，虽然很累，但过得很充实，很快乐。直到现在，我都非常怀念那段时光。"贾向东说。

或许正是由于他的这种痴迷，这种执着，这种对工作精益求精的态度，所以他在焊接这条路上才走得越来越远。

如果你是一块金子，那么谁也无法忽略你的光芒。在工地，贾向东肯吃苦，干活儿踏实认真，还特别勤奋好学，所有人都把这些看在眼里。领导也特别赏识这个年轻人，如果换作我们是领导，谁会不喜欢这样的好员工呢？

机会总是留给有准备的人，又一个机会来到了贾向东的面前。当然，这个机会也是靠他的努力争取来的，因为他工作成绩突出，2003年底，项目部破格安排他和另外三名同事在周口施工现场接受手工钨极氩弧焊技术培训。

电厂系统连接的管道多是高温高压管道，对焊缝的质量要求特别高，一般都得由经验丰富、技术水平高并且有相关证书的焊工施焊，这些焊工在系统内部一般称为高压焊工，也就是有能力焊接高温高压管道焊口的焊工。高压焊工技术水平高，收入也高，一般需要五六年的工作经验才能胜任，但有的焊工一辈子从事焊接工作，也焊不了高温高压管道焊口，高压焊工在电建企业是一个比较受人尊敬的工种。高压焊工所用到的焊接方法一般是氩弧焊"打底"氩弧焊"盖面"或者氩弧焊"打底"手工电弧焊"盖面"两种方法，两种方法的关键是要学会氩弧焊技术。

什么是手工钨极氩弧焊技术呢？这是一个很专业的问题，手工钨极氩弧焊是指使用钨合金棒作为电极，利用从喷嘴流出的氩气，在电弧焊接的熔池周围形成连续封闭的气流，以保护钨电极、焊丝和焊接熔池不被氧化的一种手工操作气体保护电弧焊。可能你看完这段解释一头雾水，简而言之，它是一门有较高要求的焊接技术。

又有机会学习新技术了，贾向东很兴奋。

"工程任务重，工期催得紧，白天要正常上班，晚上你们几个就去练氩弧焊技术。"项目负责人说。

"没问题，保证完成任务！"贾向东说。

他白天在锅炉上工作一天，晚上一下班，匆匆吃过晚饭就开始练习，一直练到晚上11点多才休息。当时的条件特别简陋，练习的场所就是工地旁的工棚，白天不忙的时候，他就准备晚上练习焊接要用的扁铁，有时间打磨的话，他就提前打磨好，这样晚上就能多焊一会儿。那时候根本就没有人教他们，他就和另外两名同事一起摸索，尝试各种方法、参数，一遍又一遍地实践、总结。3mm厚的扁铁，平、立、横、仰四个位置都要练习，他们互相把关，一项一项地过，扁铁焊得没问题了，再用管子练习焊接。

刚学会氩弧焊技术，他还只能焊一些质量要求相对低的低压管道，工作不忙的时候，他就拿上焊帽去看老师傅们怎么焊。

"焊焊试试。"老师傅休息时对贾向东说。

他拿起焊把小心翼翼地操作，老师傅偶尔指导一下，慢慢地老师傅也放心了，贾向东焊的时候他也不再看了。

一天，这个行为被班长看到了，班长严肃地问："你怎么能焊高压管道？你的活儿干完了？"

"干完了。"贾向东紧张地回答。他不敢多语。

班长看了看贾向东焊的焊缝，说："焊得还不错。"

"让贾向东自己焊行不行？"班长问那个老师傅。

"他没问题。"老师傅说。

于是，从那以后贾向东渐渐焊上了高压焊口，成为一名高压焊工。

回想当时，贾向东这样说："接触焊接工作第一年，对我人生的影响特别大。那个项目当时做了一年半左右，在那段时间里，我从一个初学者，一步步成长为一名成熟的电焊工。从最初的啥也不会做，到后来掌握了新技术，什么活儿都能干，什么活儿都干过，什么活儿都干得好，那一年我真的成长了很多。而且那段时间的工作磨炼了我的意志，增长了我的见识，也坚定了我要做一名优秀焊工的决心。"

公司高压焊工实行的是计件工资，完成培训以后，为了获得更多的实践机会，贾向东经常在干完自己的工作以后去帮其他工友干活儿。虽然付出的劳动没有报酬，但是有了更多实践的机会。经过三年多的勤学苦练，到2005年，贾向东的操作技术和理论水平都得到较大提高，不知不觉他已从一名普通的学徒工成长为公司的技术骨干。

第一次参加比赛

2005年11月，山西省地电系统举办焊工比赛，贾向东所在的单位也收到了参赛邀请，所以公司需要派人去参加省里的比赛。

"小贾，省里有一个焊工比赛，你想不想参加？"主任问。贾向东是公司年轻焊工中最勤奋好学的一个，平时工作认真踏实，当公司要派人去参加比赛的时候，主任首先想到了他。

"可以啊，您让我去，我就去。"贾向东说。他还从未参加过任何焊工比赛，但他知道三叔以前参加过比赛，所以他也想去试试。

"那就算你一个。"主任说，"从明天开始，你就和其他几个同事一起参加培训，离比赛时间很近，只有一周的准备时间，你好好练习。"

"谢谢主任！"贾向东说。他很开心，既有几分激动，又有几分期待。

公司一共挑选了四名年轻人去参加比赛。公司还专门为每名参赛者配备了一名经验丰富的师傅，工地主任让四名师傅用抽签的方法选择徒弟。贾向东被秦刚师傅抽中，他不仅是一名资深的老焊工，而且参加过很多焊工比赛，并获得过山西省焊工比赛第一名，有着丰富的参赛经验。

"培训时间紧、任务重，你们可不要掉以轻心。"主任对四名参赛者说完，又转过身对几名经验丰富的教练说："你们的责任也很大，这次比赛虽然是他们几个年轻人去比，其实他们代表的是你们，你们几个人这几天要好好想办法，把这帮年轻人带好，到时候他们比不好，丢的是你们的脸。"

大家都笑了。教练们说："主任放心，我们一定全力以赴带！"

"我们也会全力以赴学！"几个参赛者说。

虽然，他们都已经在工地上干了好几年的焊接工作，也算是有相当丰富的工作经验了，但比赛毕竟不同于日常工作，日常工作满足施工标准就可以了，比赛则要分出一二三，而且能够代表单位参加省里比赛的人，都是各个单位内部挑选出的优秀焊工，优秀与优秀之间的比拼，比的是谁更优秀。因此，在比赛前他们还需要反复练习，各种焊接方法都要经过上百遍上千遍练习，这也是精益求精的过程。

所谓不想当将军的士兵不是好士兵，不想拿好成绩的选手也一定不是好选手。他们每一个人内心都有着自己的目标和期待，所以每个人练习得都很卖力。贾向东每天刻苦练习，看到自己的技术越来越娴熟，焊接出来的成品越来越完美，他内心有着说不出来的快乐。

忙碌的时候时间总是过得飞快，一周的时间转眼就过去了。2005年11月，他们提前一天从朔州出发，到阳泉参加比赛。

第二天上午，贾向东和领队一起来到比赛现场时，现场已经来了很多人，场面很热闹。现场中间一大块区域是比赛场地，每一名参赛选手都有一个操作台。贾向东以前一直都只是在工地上干活儿，从未看见过这种阵势，最开始他感到很新奇，等快要上场的时候，他感到心跳突然开始加速，手心也冒出了冷汗。领队刘永宏师傅看出他状态有点儿不对，问他："你怎么了？身体不舒服吗？"

"刘师傅，我有点儿紧张。"贾向东说。

"不要紧，第一次参加比赛紧张是正常的，你就当和我们平时练习一样，一会儿比赛的时候，我就在这里看着你，不用怕。"刘师傅拍了拍贾向东的肩膀，安慰道。

"刘师傅，要是一会儿比赛的时候紧张怎么办？"贾向东担心地问。

"紧张的时候就停下来，深呼吸三十秒，再焊。"

贾向东深吸了几口气，然后走上了赛场。这次比赛有两个项目，第一个比的是手工焊条电弧焊仰板焊接项目，第二个比的是直径51毫米、壁厚5毫米的氩弧焊"打底"手工电弧焊"盖面"的项目。随着比赛开始的指令发出，现场沸腾的人声顿时安静下来，赛场上的选手们则紧张地挥舞着焊枪，耀眼的焊光四起，此起彼伏的电焊声在耳边响起。其余的人则在一旁耐心地关注着、等待着。就在这时，贾向东发现焊接的时候总是粘焊条，不能正常焊，心里一下子就慌了。他抬头看见师傅正站在远处看着自己，想起了刘师傅刚刚说过的话，"紧张的时候就停下来，深呼吸三十秒，再焊"，于是他停下来，深吸了几口气，慌乱的心慢慢平静下来，他又继续比赛。时间一分一秒地流逝，他慢慢忘记了身边的一切，他又像平常练习一样，完全沉浸在了自己的世界里，这个世界里只有他和他手中的活儿。他一口气把所有的项目做完，看到做出的成品，他长舒了一口气。

比赛终于结束了，汗水已经湿透了他的背心。

"感觉怎么样？"贾向东走到刘师傅面前，师傅关心地问。

"比赛刚开始的时候我的焊条老粘，心里一下子就慌了，我按照刘师傅您教的深呼吸了几次，慢慢就进入状态了，应该是正常发挥吧。"贾向东微笑着说。

"很好，第一次比赛能正常发挥就不错了。"刘师傅说，"这种活动参加太少了所以紧张，以后多参加几次就习惯了。"

比赛结果是第二天才公布的。领队刘师傅告诉贾向东说："小贾，比赛成绩公布了，你是第一名！祝贺你！"

"真的吗？第一名是我？！"这个消息太意外了，他从来没想过自己会得第一名，不仅是他自己没想到，就连他的师傅也没想到，可以说任何人都没想到。因为在准备比赛时，他并不是他们单位参赛者中练得最好的。这个结果实在是太意外了。贾向东自己都不敢相信。

"那还有假？千真万确，第一名，贾向东。"主任笑着说，"小伙子不错，再接再厉！"

"谢谢刘师傅！"贾向东已经高兴得合不拢嘴了。

"师傅，我拿了第一名！谢谢您！"贾向东第一时间把这个好消息告诉了带他的秦师傅。

"祝贺你，继续加油！"师傅说。

贾向东还通过电话把好消息告诉了妻子、父亲、爷爷和三叔。

"我孙子有出息了，爷爷为你骄傲，可你现在不能骄傲，你还要继续努力。"爷爷在电话里说。

"知道了，爷爷，我会记住您说的话。"贾向东说。

家人永远是贾向东最坚强的后盾，这一路如果没有家人的支持、鼓励和陪伴，他也不会取得今天的成绩。虽然这只是一次小规模、小范围的比赛，但对贾向东来说，这是他获得的第一个荣誉，更是他人生中迈出的重要一步。

这次比赛，坚定了他在焊工这条路上走下去的信心和钻研焊接技术的决心，同时也为他打开了人生中的另一扇门，通过这扇门，他将走向更大的赛场。也是从那时起，他的工作和事业进入了一个全新的阶段。

第四章 崭露锋芒

全省第一名

时间来到2006年7月，公司安排贾向东备战山西省第二届职工职业技能大赛。当时公司精心挑选了一批有潜力的焊工在公司培训中心进行集中强化训练，贾向东也入选了。

主任说："这一个多月的时间你们每一个人都要竭尽全力练习，不是说把你们选到这里来培训，你们就都能去参加比赛。这次我们公司的名额有限，培训中每个阶段我们都会有考核，总分排名靠前的人才有资格去省里参加比赛。

有机会学习，贾向东很开心，他很珍惜这次机会。有了上次参赛的经历，这次他还想去比一比，他期待自己得到参赛资格。

这次比赛的难度提升了，增加了理论部分，占总成绩的30％。理论部分有3本指定的教材和一套专门的题库，大概有1800道题。也就是说，在一个月的时间里，他们不仅要练习焊接操作，还要学习理论知识。虽然贾向东以前看过一些焊接方面的书籍，但他从未系统地学习过理论知识，而且理论也并非他的长项，所以这对他来说，是一个不小的挑战。

下班后贾向东抱着厚厚的3本教材回到家，妻子忙着做饭，女儿正坐在床上玩儿玩具，看到爸爸回来，露出了灿烂的笑容。

"小宝贝，让爸爸抱。我们看看妈妈晚饭做了什么。"贾向东把女儿抱在怀里。那时候，他和妻子结婚不到两年，女儿刚满9个月，一家三口住在别人的单身宿舍，条件虽然很艰苦，但日子过得非常幸福。

"等一下，再炒一个菜就吃饭。"妻子说。

贾向东把备战参赛的事情告诉了妻子。

"太棒了！你要把握住机会，好好准备，争取去省里比赛。"妻子一边做饭，一边对贾向东说。

"操作上有一个二氧化碳气体保护焊项目，之前从来没接触过这个焊接方法，这次比赛还要考理论，理论成绩占30％，两个月要看完3本教材，掌握1800道题，太难了！"

"你不用担心，你觉得难，其他人也一样，一会儿吃完饭我来带孩子，你就开始学习，我们娘儿俩全力支持你。"妻子对贾向东说。

备考期间，每天天不亮贾向东就起床看书，学习两个小时后才到上班时间，白天他就在公司培训中心强化训练，晚上下班回家，他一边照顾孩子一边学习，妻子则快速做完家务。吃过晚饭后，妻子照看孩子，他又接着继续自学理论知识，一直到深夜才休息。

当时住的宿舍比较小，屋里没有单独的空间供他学习，女儿又特别爱哭，女儿一哭，他就学不进去了。

"这样下去也不是办法，晚上我得找个地方学习。"贾向东对妻子说。

"这样也好，家里干扰太多，你找个地方一个人安安静静学习，效率要高一些。"妻子说，"可是你去哪里学呢？"

"我想想办法。"贾向东打听到同事有一间单身宿舍，他人在项目工地上，宿舍空着没人住，于是他联系了那名同事。

"兄弟，把你的宿舍借我一下，我想每天晚上在你宿舍看看书。最近我在备战比赛，需要看书学习。你知道的，单位宿舍房间太小，我家里有小孩子，特别吵，在屋里根本没办法安安静静看书，请兄弟帮个忙！"贾向东在电话里说。

"没问题，你要用随时过去就是，邻居那儿有备用钥匙。只是我长期在项目工地上住，单位分的宿舍我很少住，宿舍里没通电。"同事说。

"有个独立的空间就谢天谢地了，兄弟你帮我大忙了，等你回来我请你吃饭。"贾向东笑着说。

贾向东去同事的宿舍看了，环境很简陋，但很适合学习，他去超市买了几大包蜡烛。从那以后，每天晚上，他吃过晚饭就去同事的宿舍学习。

7月正是炎热的时候，晚上他独自坐在同事宿舍的桌前，点燃蜡烛，在烛光下读书、做题。

"那时候，屋里没有电，没有风扇，没有灯，特别闷热，学习的时候宿舍门必须敞开着，蚊子特别多，点了蚊香还是有很多蚊子，当时我就在那种环境下学习。"贾向东说。

环境虽然艰苦，但有一个可以学习的地方，他已经心满意足了。每晚他实在困得不行的时候才回家睡觉。

那段时间，妻子也在全力支持他。妻子包揽了家务，为了帮助贾向东学习理论知识，白天等孩子睡着了，她就从贾向东看的书中选一些内容出成题，等贾向东下班回来让他做。在妻子的支持和帮助下，贾向东进步很快。

在培训中心，每天下班前大家都要把自己当天练习的成品摆在桌子上，教练会对每件作品进行点评、指导。高强度的训练很有效，每个人的焊接技术都有显著提高，贾向东进步特别快，成为同一批参加培训的人中练得较好的几个人之一。

一起参加培训的，有几人年龄稍大点儿，并且他们多次参加过比赛，所以他们的焊接经验也更丰富一些。在培训中，教练看到几个年轻人进步特别快，就笑着对年龄稍大的几名焊工说："你们几个老家伙可得注意，小心被那几个毛头小子撂倒了。"

"长江后浪推前浪，前浪拍在沙滩上，我们等着被拍在沙滩上。"一位焊工接话道。

大家笑成一片。

贾向东说："那段经历其实挺苦的，但看到自己的技术和理论水平快速地提高，就觉得这些苦根本不算什么了。"

最后，公司挑选了六个人，组成两支队伍参赛。实力最强的三个人组成一组代表电业工会参赛，另外三人则代表朔州市参赛，贾向东如愿以偿入选，他作为第二组的成员代表朔州市参加全省的比赛。

这次比赛，全省共有四十多名焊工参加比拼。比赛包含手工焊条电弧焊仰板焊接项目、二氧化碳气体保护焊横板焊接项目、全氩弧焊小管焊接和氩电联焊中管焊接四个项目，每一个项目贾向东都做了上百遍练习。

有了第一次比赛的经验，这次参赛时的贾向东从容了许多，比赛的时候他全神贯注答题、操作，四个小时的比赛时间很快就结束了。

"当时还是没有经验，比赛整整进行了四个小时，整个过程很费力，其他有经验的选手都知道带点儿牛奶面包等食物，在比赛过程中可以补充一下能量，我当时没想到这一点，啥也没带，比到最后感觉自己快要虚脱了，抢锤子都没力气了。"贾向东说。

比赛结束他感到一身轻松。这两个月以来，他无论白天黑夜，一门心思扑在备战上，没有睡过一个好觉，现在终于结束了，心头悬着的石头也终于落地了。至于最后的结果，他倒没有多想，他只知道自己已经尽全力了，而且在比赛现场发挥也很正常，名次应该不会低到哪里去吧。他现在只想躺在床上好好睡一觉。

当比赛结果出来的时候，所有人都震惊了。

"第一名，贾向东！"

贾向东自己也没有想到，因为在培训的时候，单位里还有比他练得更好的同事。这次比赛聚集了全省的高手，他没想过自己会获得第一名。消息很快传遍了公司，同事们也很震惊。

可能这就是功夫不负有心人吧。那次比赛贾向东战胜了众多高手，夺得了山西省焊工比赛第一名，那年他才二十三岁。

⊙ 2006年，贾向东（右）获奖后，与时任山西省总工会主席合影

赛场惨遭"滑铁卢"

这次比赛结束，省里将前十名集中在一起进行集训一个多月，备战11月由全国总工会、人社部等四部门联合举办的级别最高的第二届全国职工职业技能大赛，集训结束，省里会挑选三个人代表全省参赛。

为什么前十名都要参加集训呢？因为比赛充满各种不确定性，有些平时焊得不错的选手可能因为赛场上发挥得不好没拿到好名次，其实能够进入前十名的选手自身实力都是非常强的，彼此的实力差距也不是特别明显，所以省里希望通过集训选拔，给比赛时有失误、没发挥好的选手一个机会。

十个人在一起集训，要从中选出三个人参加全国比赛，所有参加集训的人都在竭尽全力争取机会，当时的竞争异常激烈。集训每到一个阶段，都会进行一次比赛考核，二十天里就要把参赛的三个名额确定下来。前后一共进行了三轮比赛，只有总分排名前三的才能代表山西省参加全国比赛。

第一轮比赛，贾向东第一名。

第二轮比赛，贾向东第一名。

第三轮比赛，贾向东还是第一名。

最终，贾向东成功入选，成为代表山西省参加第二届全国职工职业技能大赛的三位选手之一。

"你只要保持现在这种状态，在全国比赛中肯定能拿个好名次！"

"赛场上好好发挥，为我们山西省赢得荣誉！"

"加油！为山西争光！我们等你凯旋！"

领导和同事们对他此次参加全国比赛充满了期待。

接连两次获得全省第一名，加上集训中三次选拔赛他也是第一名，给了他很大的自信，此时此刻的贾向东对全国比赛拿奖信心满满。他在心里默默对自己说："我一定要拿个好名次！为山西争光！为公司争光！"

那次大赛在辽宁本溪举办，当天，现场聚集了来自全国的优秀焊工，他们是各个省选拔出来的精英，这场比赛可谓真正的巅峰对决。

贾向东心无旁骛地比赛，开始一切都十分顺利，可当进行到二氧化碳气体保护焊项目时，他没注意主办方提供的试电流钢板与他平时练习用的钢板厚度不一样，平时他们练习试电流用的是12mm厚的钢板，比赛现场主办方提供的是8mm厚的钢板。钢板的厚度不一样，焊接时温度散发速度就会不一样，使用的电流的大小也不一样，试电流过程中，用平时练习中的焊接电流感觉到电流大了很多，他根据手感调低了焊接电流，结果由于电流偏小，导致焊接处内部熔合不是特别理想。

比赛结束，二氧化碳气体保护焊这一项，外观分数总分50分，他得了47分，是全场最高分，排名第一，但内部分数总分50分，他只得了30分，在这一项上他丢了20分。因此，他的总分被拉低了，最终他的总成绩排到了第18名（表彰前20名）。他自己在台下默默估算了一下，如果二氧化碳气体保护焊这一项不丢那么多分，他应该排在第五名左右。

这个名次让他很失落，但他也看到了自己的不足。就拿理论部分来说，当时他的理论成绩是82分，全场最高分是89分，他意识到自己的理论水平与第一名还存在着差距。他也明白了只是依靠集训时临时突击是不行的，必须在日常的工作中学习理论、应用理论，才能学得扎实。这次比赛回去后，他反反复复看了很多遍理论教材，在日常工作中也在琢磨书上的理论知识和方法，就这样，书中的知识全都被他一遍一遍地吸收了。

那天比赛结束后，主办方挑选了12件优秀作品现场展览，其中有两件作品是贾向东的，这也是对他的一种认可吧！

在展览上，有一件展品吸引了他，那件展品焊缝的宽窄、高低基本一致，非常美观，他了解到别人用的是一种他从未听说过的方法——断弧焊"盖面"，他特别感兴趣，回去后他就自己摸索试验这种焊接方法，果然用这种方法焊接的外观非常美观。他也因此成为山西省内第一个使用断弧焊方法的人，在他的引领下，这一焊接方法在全省焊工中推广开来。

贾向东认为，举办比赛的意义不仅仅是为了评出名次，更重要的意义在于搭建了一个展示和交流的平台，同台竞技也是为了促进专业工人相互学习，取长补短。他说："这次参赛让我开阔了视野，既看到了自己的优势，也发现了自己的不足。在此后的工作中，我更加注意细节，不断尝试新的操作方法，从而提高焊缝的质量和工艺。"

破格转成正式职工

2006年12月，贾向东获得山西省五一劳动奖章和"三晋技术能手"荣誉称号，随后山西省工会推荐他评选全国五一劳动奖章。

当公司领导让他填写推荐表时，他并没有在意这个事情，他觉得自己不会被选上，也不可能被选上，因为在他看来，全国五一劳动奖章太贵重、太珍稀了，是他可望而不可即的荣誉。

临近岁末年关，事情也多，回家过完年后他早已把这个事情忘得一干二净。突然有一天，单位领导通知他："小贾，祝贺你，你被授予全国五一劳动奖章了，到时候去太原参加全省的表彰大会。"

"我评上了吗？"贾向东不敢相信这是真的。

"千真万确，评上了。"领导笑着说。

"太意外了！我还以为选不上，谢谢领导！"贾向东说，"真的太开心了！"

2007年五一劳动节来临之际，山西省总工会举办了隆重的表彰大会，贾向东和项目部的范经理一起前往太原领奖[1]，贾向东个

---

[1]部分获奖者在北京领奖，其他获奖者在省里领奖。

⊙ 2007年，贾向东荣获全国五一劳动奖章留影

人获得了全国五一劳动奖章，当时也是他所在的山西省电力建设二公司有史以来第二位获得此项荣誉的员工。

当年，贾向东所在公司的一个项目部获得了山西省五一劳动奖状，范经理代表集体领了奖。颁奖仪式结束后，山西省电力公司举行了座谈会，在座谈会上，范经理发言时说道："小贾是我们电建二公司的优秀员工，这次获得了全国五一劳动奖章，是我们公司有史以来第二位获得此项荣誉的员工，这也是我们公司的荣誉与骄傲。他今年才二十四岁，他是我们公司的人才，对于优秀人才我们要爱护，我也是刚刚知道他还是公司的临时工，所以我建议省电力公司破格把这么优秀的员工转为正式职工。"

山西省电力建设二公司是国有企业，当时转为正式职工要求很严格。贾向东听了范经理的话特别感动，成为正式职工是他梦寐以求的事情，但是在公司已经工作七年，他知道转为正式职工太难了，不是说转就能转的。所以，当时他并没有抱什么希望。

省里活动结束后贾向东和范经理一起乘车回朔州的公司总部，车开到公司大门口的时候，他惊呆了。公司门口铺上了红地毯，公司的锣鼓队就站在两侧敲锣打鼓，公司在朔州的所有领导、员工都站在门口迎接他和范经理。这是他在公司第一次见到如此隆重的迎接场面。欢迎仪式结束，公司内部还开了座谈会，贾向东作了汇报。那一刻他感到自己特别荣幸，也特别幸运。

2007年7月，贾向东在大同塔山电厂的工地上干活儿。一天中午，大伙儿都坐在塔吊下吃加班饭，工地范主任专门从朔州来到施工现场，走到塔吊下面看大家，并找到贾向东和另一位同事，拿出两份合同对他们说："你们俩转成正式职工了，这是你们的劳动合同，把字签一下。"

贾向东很激动，很高兴，他成为公司的正式职工了！他是被破格转为正式职工的，这与他前面参加比赛和获奖有着直接的关系。而且他也是公司有史以来第一位因为比赛转为正式职工的人。

"贾向东，祝贺你！"

"小伙子前途无量！"

工友们一边吃饭，一边你一言我一语，开着玩笑，说着祝福的话。

他的脸上挂着幸福的笑容。回想这一路走来，他在公司已经干了七年的临时工。2000年，十七岁的他来到公司的第一份工作是送水，干了两年，然后他开始学习焊接技术，成了一名焊工，在焊工这一岗位，他已经干了五年，五年里他如坐火箭般快速成长，背后的付出或许只有他自己知道。

七年，他终于从临时工转成了正式职工。一分耕耘一分收获，事实证明他的辛苦没有白费，他的付出得到了回报，他终于实现了人生的第一个梦想——成为一名合格的电力建设者。

成为正式职工以后，福利待遇自然也提高了。2008年北京奥运会，公司还奖励给贾向东两张女足比赛门票，贾向东带着妻子一起去北京观看了比赛。

正式职工的另外一项福利就是可以参与分房子。2009年，贾向东分到了一套小平房，有两间屋子，带一个小院子，他终于有了自己的小家。

在此之前，他在朔州并没有一个真正意义上的家。结婚前他一个人一直在工地上住，2005年，贾向东和妻子结婚以后，妻子为了离他近一点儿，搬来和他一起住。当时单位给三叔分了一间单身宿舍，只有一间房，三叔让给了贾向东。后来，贾向东的女儿出生了，一家三口住在单身宿舍，条件十分艰苦。

他说："当时单身宿舍是老房子，总共有两层，我住在二楼，外面就是一条长长的过道，过道两边都是宿舍，门对着门，每家做的什么饭，每家的孩子发生点儿啥事，大家互相都知道，而且当时那一片生活区有很多租户，流动人员很多，当时宿舍还是木门，非常不结实，一脚就能踹开，所以很不安全。我经常在外面出差、干活儿，我妻子一个人在那里住，我也很不放心，她住在那里也没有安全感。"

现在，公司给他分了房子，房子虽然面积不大，但好歹是他自己的家，而且环境也有了改善，他和妻子都特别高兴。

"我上大学了"

没能考上大学一直是贾向东的一大遗憾。他从未想到，在自己工作八年以后还能有机会上大学。

2009年初的一天，贾向东所在单位的工会主席找到他，对他说道："向东，你可是有个好机会了！工会推荐你去中国劳动关系学院上大学！你去好好学一学，深造一下，对以后的发展很有

⊙ 2007年，贾向东一家在单身宿舍生活留影

录 取 通 知

贾向东同学：

经 2008 年全国成人高等学校招生统一考试，你已被我院社会

工作专业（高中起点本科）录取，请按照规定时间到校办理入学手续。

中国劳动关系学院成人高等教育

招生办公室

2008 年 12 月 25 日

终身学习
与时俱进

⊙ 2008年，贾向东收到中国劳动关系学院的录取通知书好处。你现在工作干得挺好了，但还要在理论方面、综合能力上面多多提高。"

很快贾向东就收到了中国劳动关系学院劳模本科班的录取通知书。这个班是中华全国总工会在中国劳动关系学院专门为全国劳动模范、全国先进工作者和全国五一劳动奖章获得者举办的成人高等教育劳动模范本科班，是党中央为长期默默奉献在生产一线的劳模提供的一个继续学习深造的机会。每年招收的人数都很少，贾向东那届总共招收了18位学员。贾向东因为在2007年4月获得过全国五一劳动奖章，所以山西省总工会推荐他上大学。

"我原本觉得这辈子不可能再有机会上大学了，但是通过山西省总工会的推荐，我不需要考试，居然可以上大学，现在想来都像做梦一样。"贾向东说。

拿到录取通知书的他彻夜未眠。他心里很忐忑，一方面很想去，另一方面又很担心。他想去，是因为上大学是他的梦想，现在梦想马上就可以实现了。他担心，是因为他觉得自己已经离开学校工作八年了，上学时学的那些知识都已经忘得差不多了，现在去重新学习还能不能跟上节奏？而且想到班上都是全国选上来的特别优秀的劳动者代表，他更没自信了。

"这可是千载难逢的机会呀！你还犹豫什么呢？大胆去吧，我们都支持你！"妻子鼓励贾向东。

2009年3月，贾向东拿着录取通知书去北京的学校报到，开启了四年的大学生涯。关于这段时光，他曾这样写道——

2009年，是我人生中最美丽的一段光辉岁月的开始。在亲人的期盼与嘱托中，在各级领导的关怀与注视中，我踏上了驶往首都北京的快速列车，奔赴中国劳动关系学院，接受四年的成人本科再教育。想着就要上大学了，能够亲耳聆听大学教授的教诲，学习文化知识，掌握先进技术，是一件多么幸福的事啊！想到这里，激动的心情溢于言表，年轻澎湃的心脏在狂跳，浑身热血在沸腾。大学——神圣的殿堂，我儿时的梦想；高等教育——人类智慧的最高学府，我向往的地方。当我徒步走到天安门广场，见到迎风飘扬的五星红旗时，我无限感慨，无比激动。我来自平凡的岗位，却有着不平凡的人生，公司的培养和组织的关爱为我提供了无限的发展空间，使我在焊接行业取得丰硕的成果，内心燃起对焊接事业的崇高敬意！我要把我的青春年华全部奉献给我的事业，虚心学习，刻苦钻研，以更优异的成绩和更娴熟的技能，服务基层，服务公司。

大学生活在我的欣喜中徐徐拉开了序幕。在这里的每一天都是快乐的，每一刻都是充实的，每一秒都是酣畅的。漫步在校园里，在枝繁叶茂的参天古树下，我仿佛是一棵干渴的小树苗，在阳光雨露的呵护下，在知识的肥沃土壤里，一步步茁壮成长。讲台上，学识渊博、阅历丰富的教授们精心指导着我们学好每一门功课，并教导我们做好劳模义务之事，循序渐进地改造我们的世界观和人生观，以言传身教的方式影响着我们的思想和行为，帮助我们树立正确的市场观念和价值体系。36门功课从不同领域、不同维度、不同层面，由浅入深地向我们讲述了行为主体在社会不同时期、不同环境下所扮演的不同角色以及应怎样履行职责和承担义务；在正式组织中，行为个体应采取哪些行之有效的方法和手段，履行社会职能，完成社会分工；在非正式组织中，应怎样转变小群体利益，服从正式组织的领导，顾全大局；在社会矛盾中，工会应扮演怎样的角色，解决劳资双方的冲突，维护职工合法权益；管理者在组织与管理的最高层级中，应怎样发挥集权与分权的优势作用，做到利益最大化，和谐发展，繁荣经济……理论知识框架装在我的脑袋里，触动着我的每一根神经，激励着我重新认知周围事物。至此，我懂得了理论不仅具有解释功能，而且具有实践意义上的规范功能、批判功能和引导功能。

大学的学习，为我指明了一条通往知识的大路，我沿着这条求学探索之路，努力前行，学习前人，超越自我。老师在教学中注重理论与实践相结合，学生的认知与操作相结合，自学与辩论相结合，采用启发式教学与引导式教学的方法，引领学员逐步将书本知识与社会现状紧密联系起来，加以分析、判断、概括、总结、梳理、归纳，提高每名学员的综合能力。我在这样的学习氛围中，真正感受到了中华全国总工会对劳模的厚爱与支持，体会到了学院领导和每位教师对劳模的尊重与关爱、奉献与付出，更加珍惜这来之不易的学习机会，感谢家乡各级组织和领导对我的苦心栽培和教化，这恩重如山的博爱之情激励着我不断进步。同时，在学院教学计划的安排下，我们参观了抗日战争纪念馆、北京现代汽车有限公司、北京二七机车厂等，又应邀参加了在人民大会堂举行的劳模表彰大会……丰富多彩的学习生活，使我开阔了视野，增长了才干，提升了素质。

难忘2009——我的大学梦想，这一年我收获了自信，激发了斗志，学会了坚强，参透了人生真谛。当我站在人民大会堂礼堂厅的颁奖台上时，心中感到无上光荣。面对未来，我信心百倍，要把所学奉献给我所热爱的焊接事业；把所知传授给我所关爱的焊接新人；把所能施展到我所眷恋的焊接工地上。"雄关漫道真如铁，而今迈步从头越"。我确立了新的目标，那就是做一个社会需要的复合型人才。

在大学里，贾向东还学习了应用文写作、计算机应用、经济学和行政管理等课程，回到工作岗位后，这些知识都派上了用场。

学习期间，贾向东积极写入党申请和思想汇报材料，在工作中更加严格地要求自己，在2011年8月，他终于光荣地加入了中国共产党。

第五章　攀登高峰

再上赛场

2009年学校放暑假，贾向东回到了公司。

"向东，我们正在集训，备战山西省的职工职业技能大赛，你放假了，来培训中心当技术指导吧！你拿过奖，有比赛经验，过来给选手们指导指导。"主任对贾向东说。当时，距离省赛只有十天了。

贾向东在2006年7月参加过山西省第二届职工职业技能大赛，获得了第一名，那时他才二十三岁。他知道，省赛前十名就有机会参加省里的集训，然后有机会参加全国的职工职业技能大赛。2006年11月他参加了第二届全国职工职业技能大赛，那一次因为失误，他只获得了第十八名，对此他一直耿耿于怀。他不甘心，他很想再参加一次比赛，目标是拿全国大赛的冠军。

"主任，这次大赛我也想参加。"贾向东说。

"你是在开玩笑吧？你应该知道焊工全是手上功夫，一个月不练就手生，你去上学，都有四个月没拿过焊把了吧？"主任说。

"是的主任，您说的这些我都知道，但我还是想试试。"

"你已经拿过山西省职工职业技能大赛的第一名了，该拿的荣誉都已经拿到了，你再参加一次意义不大呀。"

"我的目标不是省赛，我想参加全国比赛，在全国的比赛中拿个好名次！"

"有这个想法是好事，我支持。但是你可要想好，焊工比赛成绩波动很大，稍有不慎就会差之千里，你要有心理准备。"

"没问题，不去我会后悔一辈子，去了即使结果不理想，我也就没有什么遗憾了。"

"行，那你就先跟着练练，看行不行。"

其实他一看到比赛通知，就有了再参加一次比赛的想法。当时还没放暑假，但他在学校里就已经开始复习理论知识了。

贾向东第二天就去了培训中心参加集训。他的同事们都已经集训一个多月了，还有十天就要比赛了，时间非常紧张。近半年没碰焊把，当他拿起焊把焊的时候，手都不听使唤了。很多人都觉得，十天时间，无论他怎么练习，都不可能恢复到原来的水平，也有人认为他只是一时脑热想要参加比赛，练几天他就会知难而退。而贾向东则是每天早早到培训中心练习，晚上很晚才离开，他想尽可能地多练习。

尽管如此艰难，他还是坚持到了最后。那一年省赛在山西省临汾市举办，他最后只获得了第九名。往届的冠军，这一届只拿了第九名，很多人都在议论。

"你看你都上大学了，冠军也拿过了，全国五一劳动奖章也有了，你还参加比赛，知足就行了！"

贾向东没有灰心，他也不在乎别人怎么说，他知道自己只练习了十天，比赛的时候还没有恢复自己真实的实力。他还知道，前十名都有机会参加省里的集训。所以他参加完省赛回到公司以后，仍

⊙ 2009年，贾向东在进行焊接操作

⊙ 2009年，贾向东焊接的工件

然独自每天去培训中心练习。大概过了二十多天，他收到了省总工会通知前十名去参加集训的消息。就这样，他每天像一台机器一样反反复复练习。集训期间，他整个人瘦了七八斤，而且在练习期间，他的手烫伤后感染了，肿得很厉害，他也没有退缩，一边挂点滴，一边坚持学习理论知识。

集训结束时，他以第一名的成绩拿到了参加第三届全国职工职业技能大赛的资格。

他在日记中记录下了比赛当天的情况：

难忘的9月8日，大庆赛场，正在隆重举行"全国第三届职工职业技能大赛——焊接工种决赛"。我在两个多月紧张而忙碌的备战中，克服了心理压力、思想负担、身体透支等重重困难，放弃假期休息，不能与家人团聚，积极投入训练，做好一切参赛准备……初选赛胜出，复选赛胜出，代表山西省入围决赛。此时此刻，我站在赛场中央，回想起传授我技艺的恩师，回想起辅导我的教练，回想起助我成长的各级领导，回想起美好的大学生活，这些都是我勇夺桂冠的强大动力。理论知识的建构、实践技能的磨炼、整体素质的提高，更为我参加这次比赛创造了最佳状态。然而，天公不作美，世事难料。正当我满怀信心准备应战时，接二连三的"节外生枝"扰乱了我的心绪，直接影响我的焊接技术正常发挥。进赛场后拿出我心爱的"十五件工具"顺次摆放时，我发现面罩的白玻璃全破裂了，一块儿也派不上用场。无奈之下，只得在几千平方米大的赛场里寻找队友借一块儿。紧接着，试保护气体后又发现气的纯度不够（气不纯焊接时有气孔），随即我又去找工作人员换了一瓶气，时间在分秒流逝，我开始有些紧张了。心想：今天的运气咋这么差啊！换气后再试气的时候焊机又不能用了，我的心立刻沉到了海底，脑袋嗡嗡嗡地响个不停，额头上已冒出了冷汗。但我马上镇定下来，再次找到工作人员换焊机，并找裁判长说明情况，最后裁判长决定给我延时十五分钟，而这个时间要比耽误的时间短十分钟。焊机换好后，我重返赛场，深呼吸三十秒左右，平缓紧张的心绪。正准备焊接时，又发现手套被工作人员调完焊机戴走了，天啊！这是怎么了？再找工作人员已来不及了，情急之下给领队打电话，让他送过来一副。在这段时间里，我唯一能做的就是：坐在地上闭目静思，平复心情，迅速调整应战心态，重新准备战斗。当我接过领队送来的手套，简要地向他讲明赛场风波后，立即投入竞赛。力争在有效的时间内充分发挥绝对优势，以质取胜，以无可挑剔的、完美无瑕的焊件成品争取这场比赛的胜利。

最后，那次比赛贾向东取得了焊接工种第二名的好成绩，并获得了"全国技术能手"荣誉称号。在此之前，山西省焊接工人在全国比赛中拿到过的最好成绩是个人第六名，这一次贾向东拿到了第二名的成绩，打破了山西省的纪录。他再一次用行动和结果证明了自己。家人、朋友、领导得知消息后，都打来电话为他祝贺，然而，他的内心静如止水。他知道，他尽力了，结果已经不那么重要了。

⊙ 2009年，贾向东参加第三届全国职工职业技能大赛总结表彰大会留影

⊙ 2010年，贾向东获得"全国技术能手"称号的证书

2009年，他站上了人民大会堂礼堂厅的颁奖台。他说："人生就像是赛场，需要不断地去挑战自己，也总有一些不平事，遇到它时要想办法解决而不是抱怨。许多成败与得失并不是我们能预料到的，但只要我们努力去做，求得一分付出后的坦然，成功离我们就会越来越近。执着、坦然、奋进，人生的三重奏，赋予每个人精彩的人生瞬间！"

全国劳模

贾向东从没有想过，有一天他会成为全国劳动模范。

全国劳动模范是党中央、国务院授予在社会主义建设事业中做出重大贡献者的荣誉称号。自中华人民共和国成立以来，累计表彰全国劳动模范和先进工作者超三万人次。从20世纪90年代开始，全国劳模表彰大会每五年召开一次，一次表彰近三千人，基本上是五十万人能评出一个，所以被评为全国劳模是非常不容易的。

一次又一次参加技能竞赛的经历为贾向东快速提升技术、快速成才提供了广阔的平台。他不知道的是，不知不觉中，他已经成为山西省焊接技术工人的代表。2010年，评选全国劳动模范的时候，山西省总工会把贾向东推荐了上去。

他做梦也没想到自己能被评为全国劳模，他觉得自己的出身和经历虽然有些特殊，但比他苦的人很多，比他努力的人也很多。

2010年上半年，贾向东在古交发电厂项目工地上工作。有一天，正在架子下焊接的时候，架子上的砂轮机突然落了下来，他因此受了伤。受伤以后，他一直在家休息。四月，办公室主任告诉他："你评上全国劳动模范了！祝贺你！"

好消息来得太突然了。

2010年五一劳动节期间，党中央、国务院高规格表彰了2115名全国劳动模范和870名全国先进工作者。他们来自不同的地区、不同的岗位，穿着不同的制服，相似的是他们胸前佩戴的奖章、红绶带和脸上兴奋的表情，每个进入人民大会堂的全国劳模都为祖国的强盛感到自豪。

二十七岁的贾向东激动地走在人群中，与所有劳模一起按顺序排队依次进入人民大会堂，在表彰的那么多劳模中，比贾向东年龄小的人应该不多。

表彰回来以后，贾向东丝毫没有骄傲和自满，他觉得党和国家给了自己那么高的荣誉，既是动力也是压力，在工作和生活中更加注重自己的言行举止，更加注意工作的方式方法，更加注重综合能力的提升。

很快，他就又回到了各个工地的现场。

"喂，向东，朔州电厂刚刚来电话，说锅炉的水冷壁发生泄漏，让我们这边派人去现场处理一下，你跑一趟，配合他们看看怎么解决问题。"2011年的一天，贾向东下班后在家休息，突然接到电话，公司安排他去现场处理。

一般来说，锅炉发生泄漏，就必须停下锅炉检修，因为锅炉是一个整体，持续运行的话会越漏越厉害，很有可能爆管，但电厂的

⊙ 2010年，贾向东参加全国劳模表彰大会留影

锅炉如果停下会面临很多问题。首先是成本太高，锅炉停一下再启动成本至少上百万元；其次，电厂是一个整体，是一个严谨的管理工作，电厂锅炉一旦停下就不能正常发电，电厂停止发电就会影响电力的使用，所以电厂锅炉不能随便停，如果实在要停，必须先与上级部门联系，上级部门同意后才能停。因此，电厂锅炉能不停尽量不停，遇到问题就找应急的方法解决。

当时电厂的工人发现问题后，电厂马上就找到了堵漏公司。堵漏公司的人到现场后发现没有办法堵。于是他们联系到贾向东所在的山西省电力建设二公司，因为他们公司的焊工在山西省实力非常强。

贾向东到达时，电厂的工人、堵漏公司的人都在现场，他先了解了现场的情况。电厂锅炉的水冷壁管靠外面一侧有点儿漏水。水冷壁是锅炉的主要受热部分，它由数排钢管组成，分布于锅炉炉膛的四周，它的内部为流动的水和蒸汽。

"我的方案是，我用钢板按照管排的形状做一个壳子，把泄漏的地方围起来焊在管子上面，然后再往壳子里面注入耐高温的胶，里面形成一个封闭的空间，外面我再做一个盖子盖上。"贾向东提出了自己的想法。

"锅炉在运行当中，你能焊吗？"电厂的人问。

"没有问题，我可以焊，你们把锅炉的压力往低调一调，等我焊完再把压力升上来。"贾向东说。

现场人员商量后，同意了贾向东的方案，于是他就拿出自己的工具开始行动了。

当时，施工的条件不是太好，需要焊接的位置有点儿偏。锅炉在运行当中，水冷壁的工作温度在400℃左右，即使是管子外面，温度也不低。当时是冬天，贾向东来的时候穿着厚衣服，工作的时候很热，他必须把厚衣服脱掉，只穿一件单衣，仍然大汗淋漓。他踩在钢梁上焊接，鞋底因为温度过高都变形了。

焊的过程也面临着很大的安全风险，因为管子在高温的时候强度是很低的，直接在管子上焊接，那是很危险的事情。当时他把焊接的电流调得很低，必须小心翼翼，一点儿一点儿慢慢地焊，不能操之过急，每焊一点儿就得让它降一降温，如果焊缝的温度过高就会爆管，势必造成很大的经济损失和人身伤害。最后，他凭借多年的焊接经验和扎实的理论知识，焊了两个多小时，成功堵漏，同时保持了电厂的正常运行。

贾向东承担的管道焊接工作能否修好，直接关系到电厂能否安全稳定地运行。在火力发电厂的运行当中，锅炉高压管道每平方厘米承受的压力有两三百公斤，是自来水管道的一百倍左右，所以，每一道焊缝都容不得半点儿马虎。

可想而知，高压焊工的责任之大，对技术要求之高，因为一旦焊口有瑕疵，就可能发生爆炸，造成不堪设想的后果，若是停产检修更要耗资数百万，所以业主对贾向东敬佩不已。贾向东也因此被称为"钢铁裁缝"。

在最关键、最紧张、要求最高的地方总能看见贾向东手拿焊把专心工作的身影。

有一次，他接到紧急任务，一个电厂锅炉再热器管排发生了爆管，要处理这个问题，必须把上面的管道全切掉，从管排的上面切到下面，共有32道焊口，8排管道切开以后，只能形成长度约为

80cm，宽度约为30cm的作业空间，这就意味着有一半的焊缝位于管道的背面无法看到。

时间紧迫，空间狭小，如果不能及时地100%合格地完成焊接，发电厂将面临巨大的经济损失。身材瘦小的贾向东坐在更换的管道上，被挤在狭小的空间之中无法转身，热浪更是扑面而来。在这种情况下，贾向东临危不惧，他根据镜面反射原理，设计出一套方便实用的简易装置——他用铁丝将一面小镜子呈一定角度固定，利用镜子的反光来判断焊接熔池，工作效率一下子提高了1.5倍。最后，贾向东凭着镜面反射原理加上他自己的经验，成功地完成了那次抢修任务。

还有一次，浙江一个电厂在检修时，因为一个误检，将巨型进口阀门上的铸造线当作焊接裂纹进行处理，结果挖开一个20cm长、5cm左右深的口。贾向东当时正好在电厂干其他检修工作，而面对这个难题，电厂第一时间联系到了他。那个阀门是一种新型的进口材质，一般很少返修，而且可焊接性差，焊接中稍有不慎就会出现裂纹；按照常规要求，焊接需要预热和焊后热处理，但是，因为这个阀门太大、又不规则，所以没法做。不做热处理，焊缝组织不合格，还容易形成应力集中区，有可能产生裂纹。贾向东在详细查找资料和反复论证后，向电厂提交了焊补方案，按照他的工艺设计，补焊一次成功。

每一次的抢修任务不仅仅考验贾向东的技术水平，还极大地挑战着贾向东的身体极限。许多抢修任务施工难度大、危险系数高，需要不分昼夜地工作。而像这样紧迫艰难的任务，贾向东已经记不清完成了多少，每一次他都能成功解决。

"我拿全国冠军了"

2012年，贾向东代表山西省参加第四届全国职工职业技能大赛，他顶着压力进行紧张的备战。他在内心给自己定下的目标是：保住全国前十名，比赛中不要有大的失误。即使上一届他拿到了第二名，也不敢保证这次成绩一定比上次好。比赛的过程中充满了太多的不确定因素，任何失误都将会是致命的。

练习当中他和师弟李倩互相鼓励、互相监督，最后一起站在第四届全国职工职业技能大赛的赛场上。

那是一次真正意义上的巅峰对决，从全国各地层层选拔的94名焊工高手悉数到场。比赛的时候他发现厂家提供的焊材很难用，焊完后他看到自己的作品，觉得焊得太丑了，和平时训练焊的件差距太大。

"完了！这次完了！"他在心里想。

他咬牙参加完比赛，结束后他与李倩在一起交流刚才的比赛。

"你今天发挥得怎么样？"贾向东问李倩。

"厂家提供的焊材质量太差了！仰板盖面连弧焊居然能粘住焊条！"李倩说，"你呢？感觉怎么样？"

"我和你差不多，这次焊材的确很差，我感觉自己发挥一

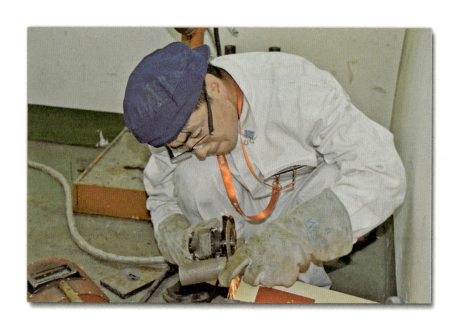

⊙ 2012年，贾向东在进行打磨工作

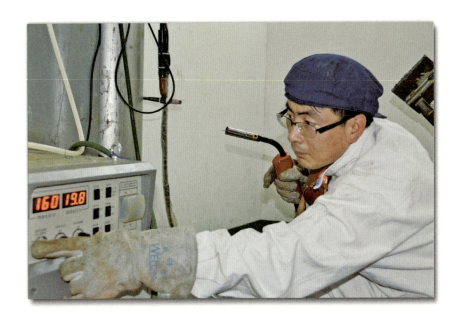

⊙ 2012年，贾向东在进行焊接操作

般。"贾向东说，"大家都用的一样的焊材，估计感觉也都差不多，就看谁的失误更少了。"

闭幕式上大家都早早来到现场，等待比赛结果，裁判长先宣布个人成绩：

"第一名，贾向东。"

"第二名，李倩。"

最终，他和师弟李倩分别获得了个人第一名和第二名的成绩，为山西夺得了团体总分第一名的好成绩。

每一次比赛心情都像坐过山车似的，他以为这次比赛自己的名次不会太高，几乎不期待了，没想到最后是冠军。

"我拿全国冠军了！我是全国冠军！"贾向东在心里欢呼。他已经激动得说不出话来，只是一个劲儿地笑。

"祝贺你，小贾！感谢你为我们赢得了荣誉！我就说你行的！"

"恭喜恭喜，我们的冠军！"

"贾向东，你太牛了！你打破了你自己创造的纪录！你创造了新的历史！"

"你是我们公司的骄傲！是山西省的骄傲！更是全国千千万万焊工的骄傲！你了不得了！"

身边的人纷纷祝贺。培训中心加工试件的老大爷知道消息后，对身边的人说："比赛前那小子每天一个人来这里从早练到晚，那么多人里他是最勤奋的一个！他练习用的试件都是我给他加工的！"

山西省电力建设二公司工会主席温子明自豪地说："同一家企业的选手在国家一级焊接大赛'客场'上一举夺得第一名、第二

⊙ 2012年，贾向东获得全国职工职业技能大赛焊工决赛第一名留影

名，史无前例！"

这场比赛，贾向东与李倩创造了三个之最：一个是省里的团体第一，是山西省有史以来焊接专业在全国一类大赛上取得的最好成绩；第二个是上届第二名的贾向东，这次夺得了第一名，而且是在"客场"上夺得第一名，这在全国一类大赛上是个奇迹；第三个是全国一类大赛上的第一名和第二名，是同一个单位的师兄弟，这在职工技能比赛史上也是不多见的。

八个比赛工种的集中颁奖典礼在人民大会堂举行，这是他第二次走进人民大会堂的领奖台，他终于圆了自己的冠军梦，这一刻贾向东无比激动。

2013年，山西省电力建设二公司将棚户区改造的两套住房，分给了在全国大赛中获奖的贾向东和李倩。2015年，贾向东一家乔迁新居，妻子感叹道："终于不用再搬家了！"这是贾向东夫妇搬的第五次家，以公司办公楼前的十字路口为坐标，四个角他们都住过了。

"我见到了习近平总书记"

2013年，中华全国总工会通知在五一劳动节前要举办一次隆重的全国劳模代表座谈会，并从全国31个省区市挑选来自各条战线、各个时期、各行各业的65名劳动模范代表参加。

山西省总工会考虑到贾向东是一位以农民工为起点的"80后"技术工人，2012年又获得了全国第四届职工职业技能大赛第一名，他在技术工人里面比较有代表性，所以推荐他去北京参加座谈会。

"向东，省总工会通知你去北京参加全国劳动模范代表座谈会，而且你是发言代表之一，你要准备一个三五分钟的发言。这是很高的荣誉，你要好好准备。"单位工会主席对贾向东说。

三五分钟的发言稿一般一千字左右。贾向东认真地把自己的经历写了下来。

2013年4月，贾向东提前到了北京，准备参加活动。他不知道这次活动习近平总书记也会参加。

4月28日早上到达会场，贾向东看到很多他曾经在电视上见过的劳模，如袁隆平、张柏楠等。他很激动，没想到自己能有幸和他们一起参加座谈会。

第一项是领导接见劳模代表并合影，大家在工作人员的带领下

⊙ 2013年，贾向东参加中国工会第十六次全国代表大会留影

站好等待活动开始。贾向东被安排在第二排。第一排的位置空着，是留给领导合影时站的。领导还未到来时，第二排的人就成了第一排，大家站好后静静地等着。

片刻，习近平总书记等党和国家领导人来到了会场。习近平总书记从会场左边的门走进来后和第一排的劳模代表一一握手，走到贾向东跟前时，贾向东双手紧紧握住了习近平总书记的手。

"总书记好，我是山西的贾向东。"贾向东握着习近平总书记的手激动地说。

"好好！"习近平总书记说。

每每谈及此次经历，贾向东都记忆犹新，什么时候想起来心情都无比激动，他说："我当时很紧张，很激动，我握着习近平总书记的手，感觉有好多话想说，但是不知道从哪儿说起。"

习近平总书记和他们一一握手后合影留念，随后在全国总工会的六层会议室召开了"共话中国梦"座谈会，来自全国各地的65名全国劳模及五一劳动奖章获得者代表参加了座谈会。会议室中间是一张椭圆形的会议桌，发言代表和领导坐在桌子前，其余代表则围绕着坐在后面。

贾向东非常荣幸地坐在习近平总书记的斜对面，并作为九位发言代表之一发了言。除贾向东外的八位代表分别是大庆油田1205钻井队队长胡志强、杂交水稻之父袁隆平、神舟飞船总设计师张柏楠、大寨郭凤莲、中铁一局窦铁成、潍柴动力三高试验队队长常国丽、鞍钢郭明义、中国第一位女拖拉机手梁军。贾向东第七个发言。

"我刚开始坐那儿的时候，非常激动，非常紧张，后来因为大家一个一个发言，我的注意力就慢慢转移了，等到我发言的时候，我就不紧张了。因为都是讲自己的事情，我基本上不用看稿子。"贾向东说。

　　大家好！我叫贾向东，是中国能源建设集团公司山西电建二公司焊接工程处的一名普通焊工，是一名在党和政府的关怀下成长起来的新一代农民工劳动模范。首先，请允许我代表全国广大农民工，向在座的各位领导、各位劳模代表和全国广大劳动者致以节日的问候和崇高的敬意！

　　11年前，刚满19岁的我以农民学徒工的身份，从晋北的农村走进山西电建二公司焊接工程处。我当时最真实的想法就是"找个活儿干，找口饭吃"，还谈不上什么崇高的理想。幸运的是，我们公司焊接工程处是一个重视技术、崇尚优秀的团队，是一个先进典型层出不穷的集体。环境的熏陶，师傅们的言传身教，使我有了入行后的第一个梦想——做一个像师傅们那样技艺精湛的优秀焊工。为实现这个梦想，我坚持不懈地勤学苦练，两年后取得了高压焊工资格证书，成为公司的技术骨干。2005年11月，我获得了一个小规模技能大赛的冠军，就是这个含金量并不高的冠军，使我有了一个新梦想——做全中国最好的焊工！从那以后，我钻研技术的劲头更足了，先后多次代表公司和山西省参加各类大赛，并在2012年第四届全国职工职业技能大赛上一举夺得焊工第一名，登上了人民大会堂的领奖台，圆了自己当全国"焊接状元"的梦。

大赛获得好成绩令人激动，但我始终没有忘记，自己最重要的岗位是在焊接工地上，自己最大的价值是用好手中的焊枪。做一名好工人，为企业的发展、为祖国的强大做出贡献，这才是自己永远的梦想。近十年来，随着企业建设工程的延伸，我走遍了祖国大江南北的20多个省，完成的焊口总计超过5万道，相当于一座60万千瓦火电厂锅炉的高压焊口数量，焊口一次受检合格率和优良率均达到了99%。

从一个找活儿干的农民工，到中国高技能人才队伍中的一员；从一个幼稚的"80后"，到光荣的全国劳动模范；从为个人的小梦想而打拼，到为伟大的中国梦而奋斗，我的思想发生了巨大的变化。我想以自己的亲身经历告诉所有工友：农民工也可以有梦想，农民工也可以梦想成真！梦在我们心中，路在我们脚下，只要把自己的梦想和伟大的时代紧紧结合起来，只要坚持脚踏实地，追求卓越，我们每一个人都可以为实现伟大的中国梦做出应有的贡献！我们每一个人的小梦想汇集之时，就是伟大中国梦的圆梦之日。在今后的工作中，我会努力发挥一名劳动模范的示范引领作用，带动广大农民工兄弟，以真诚和奉献回报祖国，回报伟大的时代，为实现伟大的中国梦，做出更大贡献！谢谢大家！

发言期间，习近平总书记不时地点头和微笑。那一刻，贾向东感到无比自豪，备受鼓舞。

那一天，习近平总书记听完九位劳模代表发言后，发表了重要讲话。习近平总书记讲话结束，全场响起雷鸣般的掌声。

活动结束，贾向东接受了中央电视台的采访。

从北京回到公司后，公司领导专门召开了座谈会，号召所有员工向贾向东学习，贾向东成了公司的标杆。

2013年，全国道德模范评选开始了。全国道德模范是2007年以来，中央宣传部、中央文明办、全国总工会、共青团中央、全国妇联、中央军委政治工作部联合举办的评选表彰活动。每两年评选一次，分为"助人为乐""见义勇为""诚实守信""敬业奉献""孝老爱亲"五个类型。山西省精神文明建设指导委员会办公室了解了贾向东的事迹后，将他作为"敬业奉献"的代表推荐上去。

2013年9月26日晚，全国道德模范颁奖仪式在北京举行。历时半年，经过1亿多人投票评选，何玥等54人被授予第四届"全国道德模范"称号，王凤进等265人被授予第四届"全国道德模范提名奖"。贾向东，获得了"全国道德模范提名奖"。

作为获奖代表，他再一次受到习近平总书记等党和国家领导人的接见。半年内两次受到了习近平总书记的接见，贾向东感到无比骄傲和自豪。

第六章　开创新天地

带徒传技

贾向东十年如一日刻苦钻研技术，凭着对焊接技术的热爱和高度的敬业精神，勤学苦练，刻苦钻研，一步一步成长成为技术过硬的高压焊工、焊接高级技师、焊接专家。

他先后参加了国家重点工程——大唐神头第二发电厂二期工程、阳城发电厂二期工程、大同塔山电厂等工程的焊接工作和多个电厂的检修工作，完成的焊口总量，相当于一个人完成了一座60万千瓦火电厂锅炉的高压焊口焊接工作，焊口一次受检合格率和优良率均达到了99%，被业主誉为"信得过焊工""免检焊工"。他多次代表公司、朔州市和山西省参加各类焊工比赛，并取得了优异的成绩。

昔日的焊工学徒，十余年间成长为全国技术能手，他带的多个徒弟已经在全国大赛中崭露头角。

张磊是贾向东一手带出来的徒弟。

2015年，张磊在备战山西省第五届职工职业技能大赛，有一个项目他总是焊不好。张磊遇到难题的项目是133×10mm的管对接，比赛要求放到一个斜45度的位置自下而上分两个半圈来焊接，焊接方法采用二氧化碳气体保护焊。在焊接右半圈的时候比较容易，但是焊接左半圈时，如果还是用右手操作，从焊帽里观察出来的熔池形状和焊枪角度都是反的，焊出来的效果就会非常差。如果想在比赛中拿到好成绩，这个难题他必须突破。

贾向东也看出了张磊的问题，他拿起焊把亲自演示起来。在焊接右半圈的时候，他用右手很轻松地完成了，在焊接左半圈时，他立马换成左手操作，他左手熟练的程度与右手不相上下，最后焊出来的整体效果堪称完美。

"师傅，你这焊得太好了！"张磊说。

"你把我焊的和你自己焊的对比一下，看看哪里不一样。"贾向东说。

"左半圈你是用左手焊的，我是用右手焊的。"张磊一边观察师傅焊出来的试件一边说。

"这里很明显不能全用右手去操作，左半圈用左手操作焊出来的效果更好，所以我们在练习的时候，不能只练右手，左手也要像右手一样熟练才行。接下来你好好用左手练练看。"

张磊按照师傅的指导，不断练习左手，刚开始左手很笨，慢慢就熟能生巧了。那次比赛张磊获得了山西省第一名。

省赛结束，马上就要准备全国比赛，参加全国比赛的人从省赛前十名中选出。贾向东很看好张磊，可是在选拔赛中张磊操作出现了低级失误，导致最后选拔失利。张磊很内疚、自责，他以为师傅会批评他，可是贾向东并没有批评他，而是以自己的亲身经历鼓励他："不要灰心，比赛出现各种各样的问题都是正常的，我以前在赛场上也出现过失误，失败的经验也是经验，不要在乎一时的得失，要总结经验教训，下次再战。加油！"

2018年，张磊再次参加比赛。

在距离省赛前的一个星期，贾向东从外地工作回来，直接到培训中心看张磊的练习成果。

"把你焊的试板拿来我看看。"贾向东说。

"焊完的试板已经送到下料车间准备重新加工了。"张磊说。

"走，我们去下料车间把你焊的试板找出来。"

于是，他们到下料车间找到了张磊的试板。贾向东仔细看了张磊焊的试板，指出他的问题，然后亲自演示应该怎样调整焊接手法，使焊缝更加美观。

工作中，贾向东就是这样一个严谨的人。

那一次，张磊再次获得山西省第一名，并且在选拔赛中脱颖而出，获得了参加第六届全国职工职业技能大赛的资格。在备战全国比赛集训期间，他又遇到了新的难题——在仰板对接项目的练习中，比赛要求盖面层在不产生咬边缺陷的前提下焊缝高度要控制在0—2mm范围内。张磊用连弧焊的操作手法试了很多次，高度总是超标，且咬边难以控制。

"你用断弧盖面的操作方法试试。"贾向东说。

张磊按照师傅的指示，改用断弧盖面，一下子就解决了问题。但是仰焊位置断弧焊接对手眼的配合、焊接节奏的掌握要求极高，最后在练习过程中，贾向东还根据徒弟的特点设计了不同的运条手法，为他在全国大赛中取得好成绩奠定了基础。

那次比赛张磊获得了全国第五名。

冯彩平也是贾向东众多徒弟中的一个。

2018年，在贾向东的悉心栽培下，冯彩平取得了第六届全国职工职业技能大赛第四名的好成绩，并荣获"全国技术能手"称号。

"第一次有幸被贾师傅面对面指导是在我们公司培训站练习时。当时我正在练习108×8mm6G手工电弧焊时，我焊得不成样，贾师傅看到后接过焊枪，夹持焊条，调试参数，调整好姿势，先比画好起收弧位置，然后施焊。焊后成型让我眼前一亮，短短几分钟时间一连串细致的操作，让我看到的不仅仅是贾师傅高超的技术，更是一种工匠精神，精益求精、严谨的工作态度，从那时起，我就不断地接受贾师傅的悉心指导。我严格要求自己，始终不满足，在后来的练习和比赛中，我一有困惑就向贾师傅请教，贾师傅非常耐心，毫无保留地给我解惑。"

在冯彩平眼里，贾向东是一个成熟稳重、文质彬彬、儒雅随和的人，在工作中，贾向东更是他的榜样。

他说："焊工在很多人眼里是一份不太体面的工作，又苦又累还脏。但贾师傅把一份不太体面的工作干得让众人崇拜，知道他的人无不说他优秀。其在工作中始终把每一条焊缝当作工艺品去精心施焊，所呈现的焊缝外形精美、质量牢靠，让许多同行不由自主地竖起大拇指。贾师傅参加工作两年多就成为公司的高压焊工，之后拿到山西省焊工比赛第一名、全国比赛第一名，荣获'全国技术能手'称号，获得全国五一劳动奖章、全国劳动模范等荣誉。这一个一个亮眼的成绩和荣誉，令我心潮澎湃，十分崇拜。从那时起，我就在心里默默地把贾师傅当成了偶像，把他作为自己日后成长的标杆，激励自己。"

如今，冯彩平从事技工学校的教学工作，他带出的学生也在大小比赛中屡屡获奖，他很好地传承着贾师傅的传帮带精神。

曾经是贾师傅的徒弟，现在是师傅，是蜕变，亦是升华。

除了在公司带徒弟，贾向东还将自己学到的技术毫无保留地传授给其他行业的电焊工，他多次为职业院校、企业等做技术培训，毫无保留地进行指导。

2018年，他受包头市职业技术学院邀请，为参加内蒙古自治区第六届职业职工技能大赛的选手进行培训。

有一名学员学习很努力，吸引了贾向东的注意。他了解到这名学员已经从事焊接工作八年，他虽然一直在学习，但始终原地踏步没有提升。

学院老师告诉贾向东："这个小伙子是请假来听课的，每天晚上他都在学院里练到大半夜才走。"

贾向东特别欣赏喜欢学技术、刻苦练技术的年轻人，在他的身上，贾向东仿佛看到了自己当初奋斗的影子，贾向东决定帮他一把。

在短短几天的培训中，贾向东了解了他的短处，开始因材施教，告诉他适合他的焊接方法，具体到参数、焊接姿势等，都一一指导。后来，他拜贾向东为师，成了贾向东的徒弟，他的名字叫赵波波。

培训结束，赵波波陪贾向东去火车站，路上，贾向东还在不断地叮嘱他。

有一次，赵波波准备参加比赛，但他所在的单位不具备练习条件，贾向东得知后专门为他联系相关部门，让他去山西太原练习，并且一有时间就过去亲自指导、亲手示范。最后，赵波波获得了第一名。

"在他的身上，我能感受到他对焊接行业的热爱。他对我很关心，始终在叮嘱我，焊接一定要注意细节，小到什么样的焊条适合采用什么极性的焊接电源，大到什么样的焊接方法更容易保证内部质量，他都耐心地、毫无保留地教给了我。因为有师傅的无私指导和关心，我改变了自己的命运。"赵波波说。

贾向东每年在全国各地都有关于焊接技能培训的授课，他每到一个地方讲课都是现场演示、实际操作比较多，并且在一道焊缝上同时展示好几种不同的操作手法，更是把自己多年积累的经验、操作技巧倾囊相授，培养了一批又一批优秀人才。

他的徒弟在2015年山西省焊接比赛中包揽了前三名，在全国焊接比赛中获得了第八名和第十一名，在2018年第六届全国职工职业技能大赛中获得第四名和第五名。此外，2012年他指导的太钢集团焊工连杰获得"'马钢杯'第六届全国钢铁行业职业技能竞赛"第三名；2014年他指导的徐工集团焊工闫振获得"江苏省状元赛"冠军；2015年他指导的河津铝厂焊工王建伟获得"'中国铝业杯'第九届全国有色金属行业职业技能竞赛"第一名；2018年他指导的太钢集团焊工薄斌参加"'首钢杯'第九届全国钢铁行业职业技能竞赛"获得个人第三名的好成绩。

他常常对徒弟们说："'小胜靠智，大胜靠德'，在做人做事上，技术仅仅是一个方面，更要将'德'融入工作中，靠'智'只能干好眼前的工作，靠'德'——也就是把心融入工作中，才能不断创新，取得更大的成就。"

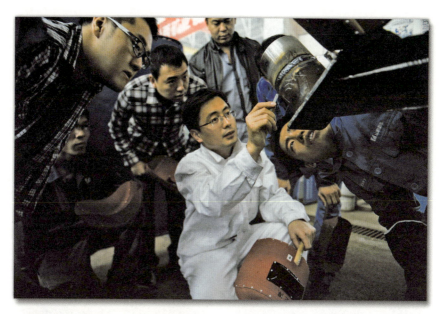

⊙ 上图　2012年，贾向东（右二）在焦煤集团做技术指导
⊙ 下图　2013年，贾向东（右三）在河津铝厂做技术指导

⊙ 上图 2013年，贾向东（左二）在给河津铝厂职工王建伟（左一）做技术指导

⊙ 下图 2014年，贾向东（中间戴焊帽者）在镇江做技术指导

⊙ 上图　2015年，贾向东（左一）在包头职业技术学院做技术指导
⊙ 下图　2018年，贾向东（左三）为太钢职工培训

⊙ 上图 2019年，贾向东（左一）在给学员讲解技术操作
⊙ 下图 2019年，贾向东（右二）在给学员讲解技术操作

走上管理岗位

从2014年6月份起，贾向东开始担任公司焊接工程处项目负责人，走上了班组管理岗位。

"工作完全变了，以前我做好自己的事情就行了，现在比以前操心多了，我得管理整个项目70多人，还得把控整个工程进度、质量和安全。"他说。

尽管已经走上管理岗位，但一有空，他还是不忘拿起焊枪。

"作为焊工，实操很重要。"他说。

贾向东参加工作十多年，从一名农民工成长为技术过硬的高压焊工、焊接高级技师。在2016年2月23日，贾向东当选山西省总工会第十二届委员会兼职副主席、常委。这样的特殊"身份"，让贾向东有机会在各大会议上为工人，特别是技术工人发声。他在多个场合提出一个建议——提高技能大赛奖励力度。

他说："山西省的奖励力度虽然近年来逐渐提高，但和沿海发达地区相比，还有一定差距。很多国家级的比赛奖励力度也应该不断提高，通过提高奖励力度，打造更多技能'明星'，激励更多的年轻人学习技术。"

贾向东和山西省总工会负责职工技术方面的同志、山西省焊接技术协会的同志一起，在技术培训和技能提升等方面持续努力，做一些力所能及的事情。

2017年，因企业改革，贾向东在中国能建所属企业间工作调动，到了山西省电力勘测设计院工作。到了新的单位，工作性质完全不同，贾向东很快投入总承包项目管理、市场开发等知识的学习中，广泛拓展与企业转型发展相关的理论知识，与实际工作充分结合，取得了良好的成效。

2017年11月25日，山西院总承包的国家先进技术光伏发电示范基地项目——山西盂县刘家坡100兆瓦光伏发电项目顺利实现并网。在项目执行过程中，贾向东深入项目现场，一待就是六个月，潜心研究项目运作流程，认真排查安全生产隐患，带领项目部通过建立行之有效的管理制度和监督考核机制，从源头严把安全生产关，全面落实安全生产责任制，确保项目安全工作可控、在控，有效保障了工程安全推进，也得到了业主方、监理方和现场人员的一致称赞。

2018年1月，贾向东当选山西省人大代表、山西省人大常委会委员后，他利用每一次调研活动和代表联络站接待活动，认真倾听群众的呼声和建议，尽可能在最短时间内解决群众的诉求和企业面临的困难，发挥了一名人大代表的桥梁和纽带作用。他先后撰写了《关于推进太原市人才落户政策深入实施的建议》《关于进一步支持成立山西省焊接技术协会的建议》《关于促进新能源可持续、高质量发展的相关建议》《关于高度重视职业技能竞赛》等建议，这些建议受到省里相关部门的高度重视，相关建议落地的配套措施和有关解决办法逐步得到落实，极大地推动了相关问题的解决。

他说："每一天都是从头开始，一切都在不断变化，而听党话跟党走，立足岗位、兢兢业业、努力工作是我一刻都不曾忘记的初心。不在于干什么，而在于怎么干，一直是我勇往直前的信心和勇气。"

贾向东在工作中坚持高标准、严要求。做焊工时，他认真对待自己所焊的每一道焊口，确保焊一道合格一道，决不允许出现质量问题。到管理岗位后，他也同样严格要求自己，在岗位上发挥着自己的光和热。

2020年，贾向东获得"2019工匠中国年度十大国匠"荣誉称号。

生活是伟大的魔术师，当我们呱呱坠地的时候，谁也想不到在以后的人生中会经历些什么，我们会成为一个什么样的人。

2000年，刚满十七岁的贾向东，从晋北的农村走进了山西电建二公司。当时，谁也不会想到，这个青涩的少年日后会成长为全中国最好的焊工之一，就连他自己也没想到。

贾向东的成功是偶然吗？他从一个找活儿干的农民工，到中国高技能人才队伍中的一员，从一个幼稚的"80后"，到光荣的全国劳动模范，是什么促使他脱颖而出？毫无疑问，对技术的执着追求、做事认真负责的态度、精益求精的精神才是他成功的秘诀！

小时候，爷爷在贾向东心里种下"技术是握在手里的黄金"的种子，如今这颗种子已经长成了参天大树。

⊙ 2015年，贾向东（左）在做高温过热器管道焊接工作

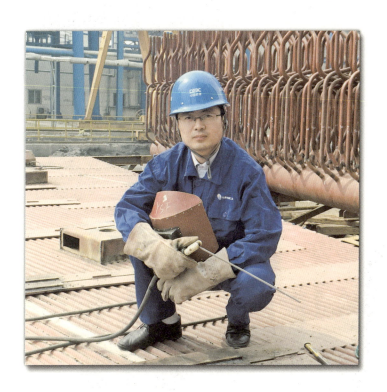

⊙ 2016年，贾向东在电建二公司项目施工现场留影

⊙ 2016年，贾向东在项目施工现场留影

⊙ 上图　2017年，贾向东在盂县光伏电站建设现场留影
⊙ 下图　2017年，贾向东在光伏电站的施工现场留影

⊙ 2018年，贾向东荣获"三晋工匠"年度人物宣传图

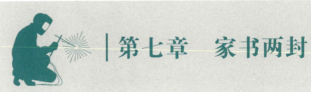

第七章　家书两封

贾向东写给妻子的一封信

亲爱的：

　　我在二十岁的时候遇见了你，转眼间我们在一起二十年了，结婚也有十八年。

　　还记得亲戚介绍我们认识的时候，我一眼就相中了你，可以说是一见钟情吧。第一次到你们家时，我内心其实是很紧张的，我担心你的父母看不上我。我从进门就一直忙碌着帮岳母做饭，当时岳父岳母对我的评价是：性格好，成熟稳重，有礼貌，还勤快。虽然我家里条件差了些，但岳父岳母还是同意了我们交往。

　　那时候，由于我工作忙，常年住在电建工地上，我们不能经常见面，主要靠电话和书信联系，由于打电话次数多见面少，每次见面总得适应一会儿才能找到电话里聊天的感觉。我清晰地记得我们恋爱两年，一共才见四次面，所以每一次与你见面我都格外珍惜。

　　2005年，我们终于结婚了。当时家里条件很差，屋里只有一台12英寸的电视机和一个电炒锅，随时都可以打包带走。那时你跟着我随工程建设四处漂泊，居住地不固定，住的环境也差。直到我们有了女儿，才固定住在三叔家的筒子楼里，家里只有一些简单的家具，还都是三叔接济的。可你从未嫌弃过，也从未抱怨过。那时日子虽苦，但因为有你的陪伴，我感到无比踏实、幸福。

2005年10月，临近女儿出生预产期，当时我在内蒙古乌兰工程项目干活儿，工程进入建设关键期，家里人多次催促，我也没有开口请假，结果孩子出生的那一刻，我才赶回家。女儿三岁的时候，我忙完几个月的工程回到家，看着女儿怯生生地站在我面前，眼神里全是期待和害怕，她想要我抱，却不敢过来，那个眼神我一直记着。

2012年，我们的儿子顺利降生了。我经常因为工作一走就是两三个月，两个孩子每天让你焦头烂额，最害怕的就是半夜孩子生病，你一个人孤军奋战，手忙脚乱，恐惧无助。每每想起这些，我心里都充满愧疚。

那些年里，我们一直在公司附近租房、搬家，单位的东南西北四个方向我们都租过房。2013年，公司分给我们一套棚户区改造的住房，我们家才终于安定下来。我记得2015年搬进新居的时候，你说："终于不用再搬家了！"

每次我隔一段时间回家，你都要挽起我的袖子看，看到我胳膊和手臂上有新的伤疤，你都会很心疼，可是你不管自己有多苦、多累，从来都不说，你总是在理解我、支持我，为我着想，做我最坚强的后盾。我知道，我取得的每一项荣誉，都有你的功劳。我更知道，虽然在工作上，我干得还不错，但对于家人，我是不及格的。

亲爱的，谢谢你，你辛苦了！你是上天送给我的礼物，遇见你是我此生最大的幸运。

向东

贾向东写给孩子的一封信

亲爱的孩子：

　　眼看着你们一天天长大，我们在一起交流的时间却并不多。也许你们心里会责怪爸爸经常出差，不能在家陪伴你们长大；也许你们有许多心里话想对爸爸说，却经常大半年见不到爸爸。爸爸又何尝不想你们？爸爸也想多在家陪陪你们和妈妈，看着你们做作业，听你们讲述成长中的快乐、烦恼和困惑，每天一家人快快乐乐地在一起。可是，爸爸需要外出工作，希望你们理解和原谅爸爸。

　　我们平时聊得不多，但有些话是爸爸一直想对你们说的。这也是爸爸对生活的一点儿感悟，希望对你们的成长有一点点帮助。

　　首先，爸爸妈妈都在农村长大，我们都是农民。即使后来我们进城工作，我们的血液里仍然流淌着农民的血。在爸爸小时候，我的爷爷，也就是你们的太爷爷，常对我说"技术是握在手里的黄金"。爸爸没能考上大学，才进城在电建工地当一名送水工，用今天的话说就是农民工。我送了两年水，后来遇到公司招聘焊工，才学习了焊接技术，当上了焊工。从2000年送第一桶水算起，爸爸已经工作了二十三年。我时常在心里告诉自己：干一行，爱一行；干一行，精一行。爸爸在工作中也是这么要求自己的。爸爸想对你们说：首先，学习一技之长，干一行，爱一行，干一行，精一行。行业没有高低贵贱之分，行行都能出状元。将来无论你们从事什么行业，都应如此。

其次，每一个行业都有千千万万的从业者，为什么只有少数人能脱颖而出？我想除了机遇、运气，最重要的是个人的勤奋、努力和认真。做任何事情，如果你能坚持不断地练习，日复一日，年复一年，反反复复，你一定会突破自己，并超越大多数人。我认为，那1%的灵感固然重要，但是如果没有99%的汗水，灵感又怎能实现？当我们投入99%的汗水做一件事情的时候，灵感自然而然也就产生了。99%的汗水其实就是勤奋和认真。你们现在还在学校学习，学习也是一样的道理。只有勤奋、认真，才能取得理想的成绩。做任何事都是如此，养成勤奋的习惯，保持认真的态度，随时做好准备。机会只留给有准备的人，要时常问问自己：当机会来到我跟前的时候，我是否已经准备好了？

再次，人生的道路并非一帆风顺的，我们每一个人都会遇到这样那样的挫折与困境。我希望你们要有心理准备。或许我们以为努力就能掌控自己的生活，其实最后才发现很多时候我们是被生活推着往前走，生活和命运大多数时候我们无法决定，即使经历了刻骨铭心的痛，我们仍然要坚强前行。或许人的一生就是如此，我们来到这个世界不是来轻轻松松走一遭，只体验生活的甜，还要经历这样那样的酸、苦和辣，这样的人生才有多种滋味。既然生活、命运还有很多是我们无法掌控的，那么我们是不是要随波逐流呢？当然不是，我们还是得努力掌控可以掌控的部分，努力影响不能掌控的部分。无论面对什么样的挫折与困境，都要有强大的心和足够的勇气。鲁迅先生说："真的猛士，敢于直面惨淡的人生，敢于正视淋漓的鲜血。"我们要做自己生活的猛士，不管遇到什么样的困境，我们都能勇敢面对，坦然接受，就当那是生活对我们的考验，对我们的历练。

最后，我还想谈一谈珍惜。珍惜上学的机会，你们每天还能上学，但有很多人失去了上学的机会。珍惜家人和朋友，没有人会一直陪伴在你们身边，不要等到失去的时候才追悔莫及。珍惜现在，时光匆匆，转眼你们就长大成人，趁现在努力提升自己，朝着自己的理想奋斗。珍惜每一个属于自己的机会，无论大小，都努力抓住，它会带给你们意想不到的惊喜。珍惜获得的每一个奖励，它是你们成长的见证，也是你们继续前行的勇气。珍惜每一次失败，失败不可怕，失败也是人生宝贵的经验，它能让我们看清自己的不足和差距，为我们走向成功积蓄力量。珍惜当下拥有的一切，不抱怨、不埋怨，好的、坏的，快乐的、悲伤的，光明的、黑暗的，都是生活对我们的历练，都是上天送给我们的礼物，它将丰富我们人生的历程，增加生命的厚度。带着一颗懂得珍惜的心，大胆前行吧！

加油！孩子们，爸爸爱你们！爸爸希望你们的成长充满快乐！永远快乐！

永远爱你们的爸爸

⊙ 2011年，贾向东带女儿在老家大山上

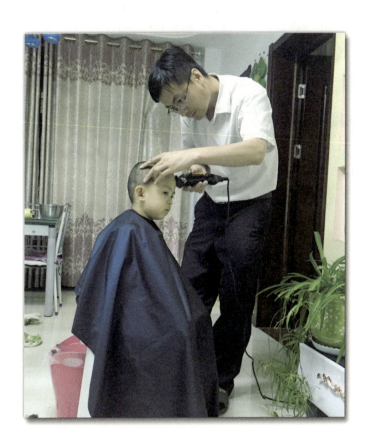

⊙ 2016年，贾向东给儿子理发

⊙ 2018年，贾向东和女儿一起捞河蚌

⊙ 贾向东一家四口的全家福